Os Ritos e Mistérios de Elêusis

Dudley Wright

Os Ritos e Mistérios de Elêusis

Tradução:
Fernanda Monteiro dos Santos

MADRAS®

Traduzido originalmente do inglês sob o título
The Eleusinian Mysteries & Rites
© 2024, Madras Editora Ltda.

Editor:
Wagner Veneziani Costa (*in memoriam*)

Produção e Capa:
Equipe Técnica Madras

Tradução:
Fernanda Monteiro dos Santos

Revisão:
Gerson Cotrim Filiberto
Maria Cristina Scomparini
Renato de Mello Medeiros

Dados Internacionais de Catalogação na Publicação (CIP)(Câmara Brasileira do Livro, SP, Brasil)

Wright, Dudley
Os ritos e mistérios de Elêusis/Dudley Wright; tradução Fernanda Monteiro dos Santos. – 3. ed. – São Paulo: Madras Editora, 2024.
Título original: The Eleusinian mysteries & Rites
ISBN 978-65-5620-012-5

1. Ciências ocultas 2. Esoterismo 3. Mitologia 4. Religião I. Título.

21-54975   CDD-133

Índices para catálogo sistemático:
1. Esoterismo: Ciências ocultas 133
Aline Graziele Benitez – Bibliotecária – CRB-1/3129

Os direitos de tradução desta obra pertencem à Madras Editora, assim como sua adaptação e a coordenação. Fica, portanto, proibida a reprodução total ou parcial desta obra, de qualquer forma ou por qualquer meio eletrônico, mecânico, inclusive por meio de processos xerográficos, incluindo ainda o uso da internet, sem a permissão expressa da Madras Editora, na pessoa de seu editor (Lei nº 9.610, de 19.2.98).

Todos os direitos desta edição, em língua portuguesa, reservados pela

MADRAS EDITORA LTDA.
Rua Paulo Gonçalves, 88 – Santana
CEP: 02403-020 – São Paulo/SP
Caixa Postal: 12183 – CEP: 02013-970
Tel.: (11) 2281-5555 – (11) 98128-7754
www.madras.com.br

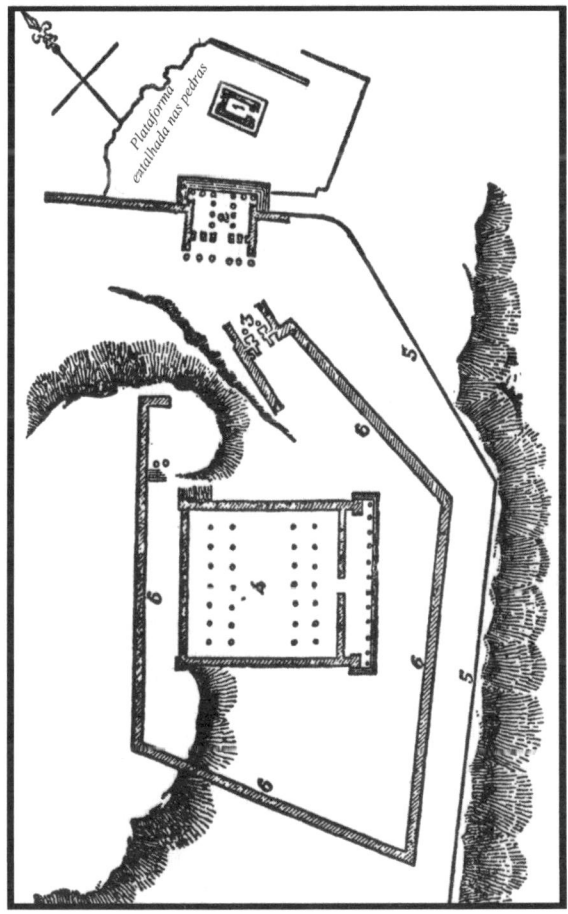

Reproduzido com Permissão da Enciclopédia Britânica
Projeto dos Edifícios Sagrados de Elêusis

1. Templo do Vestíbulo de Artemis
2. Vestíbulo Externo
3. Vestíbulo Interno
4. Templo de Deméter
5. Delimitação Externa dos EdifíciosSagrados
6. Delimitação Interna

Índice

Prefácio 9

Introdução 13

Capítulo 1 - A Lenda Eleusina 17

Capítulo 2 - O Ritual dos Mistérios 27

Capítulo 3 - Roteiro dos Mistérios Maiores 45

Capítulo 4 - Os Ritos Iniciáticos 61

Capítulo 5 - O Significado Místico dos Rituais 87

Fontes de Consulta 101

Prefácio

Em um dado momento, os Mistérios das várias nações constituíam o único veículo da religião através do mundo, e não é impossível que o próprio nome da religião tivesse se tornado obsoleto se não fosse pelo apoio das celebrações periódicas que preservaram todas as formas e cerimoniais, ritos e práticas da adoração sagrada.

Com relação à conexão, suposta ou real, entre a Maçonaria e os Mistérios, é uma coincidência notável que exista apenas uma única cerimônia na Maçonaria que não tem seu rito correspondente em um ou outro Mistério Antigo. A questão sobre qual seria o original é um assunto importante para o estudioso. O antiquário maçônico sustenta que a Maçonaria não é um rebento extraído violentamente dos Mistérios – sejam eles pitagóricos, herméticos, samotracianos, eleusinos, drusos, druídicos ou algo semelhante – mas que ela é a instituição original, da qual todos os Mistérios foram derivados.

Na opinião do renomado Dr. George Oliver: "Existe um amplo testemunho no sentido de estabelecer o fato de que os Mistérios de todas as nações eram originalmente os mesmos e que eles se diversificaram somente pelas circunstâncias acidentais da situação local e da economia política". Contudo, a fundação original dos Mistérios nunca foi estabelecida. Heródoto atribuiu a instituição dos Mistérios de Elêusis às influências egípcias, enquanto que Pococke declara que eles tiveram origem na Tartária, combinando idéias brâmanes e budistas. Outros sustentam a opinião de que suas origens devem ser procuradas na Pérsia, enquanto que pelo menos um autor – quem, atualmente, declararia que esta teoria é extravagante? – especula que não é improvável que eles fossem praticados entre os habitantes de Atlântida.

Os Mistérios de Elêusis – aqueles ritos da Grécia antiga e mais tarde de Roma, dos quais existem evidências históricas datando do século XVII antes da era cristã – carregam uma semelhança extraordinária em muitos pontos com os rituais tanto práticos quanto teóricos da Maçonaria. Quanto à sua origem, além da explicação lendária produzida, não há pistas. Na opinião de alguns escritores de reputação, eles seriam atribuídos a uma fonte egípcia, mas disto não há evidência positiva. Há uma lenda de que São João, o Evangelista – uma personagem honrada e reverenciada pelos maçons – foi iniciado nestes Mistérios. Certamente, muitos dos antigos filósofos da Igreja Católica ostentaram sua iniciação nesses ritos. Fato é que esta é a primeira vez que uma tentativa está sendo feita para apresentar uma explicação detalhada do cerimonial e do seu significado na língua inglesa, o que renderá, como é esperado, artigos de interesse e de utilidade para os estudiosos da doutrina maçônica.

Quanto à influência dos Mistérios sobre o Cristianismo, poderá ser percebido que, em mais de uma instância, os rituais cristãos guardam uma semelhança muito próxima dos ritos solenes dos Mistérios gregos e latinos.

A Bibliografia no final da obra não pretende ser exaustiva, mas ela contém as fontes principais de nosso conhecimento dos Mistérios de Elêusis.

Dudley Wright

Introdução

Poucos aspectos da história do espírito humano são mais fascinantes que os Mistérios da Antiguidade, cujo relato é apresentado nas páginas seguintes com grande precisão, perspicácia e encanto. Como todas as instituições humanas, eles tiveram sua fundação em uma necessidade real, à qual eles serviram através da dramatização das crenças, esperanças e desejos da humanidade, evocando o misticismo eterno que é ao mesmo tempo a alegria e o consolo do homem enquanto ele marcha ou rasteja, abrindo caminho por entre o emaranhado de dúvidas, perigos, doenças e morte do processo a que chamamos vida.

Antigamente, a influência dos Mistérios era quase que universal, mas em direção ao final do seu período hegemônico, eles decaíram e tornaram-se corrompidos, assim como todas as coisas que os humanos são aptos a fazer, sem excetuar a Igreja. Ainda assim, em sua época majestosa, eles eram não somente sublimes e nobres, como também elevados e sutis; e o fato de que eles serviam a um propósito elevado é igualmente claro, pois do contrário eles não teriam sido merecedores dos elogios dos homens mais instruídos da Antiguidade. De Pitágoras a Plutarco, os professores do passado testemunharam em favor dos Mistérios, até Cícero, que declarou que o aprendizado de um homem na morada do Lugar Oculto o compelia ao desejo de viver de maneira nobre e suscitava pensamentos felizes para a hora de sua morte.

Os Mistérios, disse Platão, foram estabelecidos por homens de grande talento que, no início dos tempos, esforçaram-se para ensinar a pureza, para superar a crueldade da raça, para exaltar sua moral e refinar seus modos, e para conter a sociedade por meio de vínculos mais fortes do que aqueles impostos pelas leis humanas. Sendo estes os seus propósitos, aquele que se importa com a vida do homem em geral entrará em seus santuários desaparecidos com compaixão; e se nenhum mistério mais se liga ao que eles ensinaram – nem mesmo a sua antiga alegoria de imortalidade –, há interesse permanente em seus ritos, em sua dramatização e nos seus símbolos empregados no ensinamento da sábia, virtuosa e bela verdade.

Que influências tiveram os Mistérios no novo e emergente Cristianismo é difícil saber, e a questão permanece em debate. É evidente que eles influenciaram a Igreja em sua forma inicial e esta influência pode ser encontrada nos escritos dos filósofos cristãos – muitos dos quais ostentaram sua iniciação – e alguns chegam a dizer que os Mistérios morreram finalmente, para viver outra vez no ritual da Igreja. Em suas jornadas missionárias, São Paulo teve contato com os Mistérios e chega mesmo a fazer uso de seus termos técnicos em suas Epístolas, demonstrando que tudo aquilo que eles buscavam ensinar através da dramatização pode ser conhecido somente por meio da experiência espiritual. Sem dúvida, esta percepção é legítima, mas certamente o teatro pode prestar ajuda nesta compreensão; do contrário, a adoração pública poderia também ser proibida.

Sobre os Mistérios de Elêusis em particular, por muito tempo necessitamos de um estudo como o que é oferecido nesta obra, na qual o autor não somente resume de forma atrativa o que é conhecido, como também acrescenta ao nosso conhecimento alguns detalhes importantes. Uma fonte egípcia tem sido atribuída aos Mistérios da Grécia, mas há pouca evidência sobre isso, com exceção das conjecturas que fazemos, lembrando a influência do Egito sobre a Grécia. Tais influências são de identificação complexa. Seria mais seguro dizer que a ideia e o uso da Iniciação – tão antiga quanto a Casa dos Homens da sociedade primitiva – eram universais e assumiram formas diferentes em territórios diferentes.

Tal estudo compreende mais do que um interesse de antiquário, não somente para estudiosos em geral, mas especialmente para os homens do nobre Ofício da Maçonaria. Se não podemos dizer que a Maçonaria é um desdobramento histórico dos Mistérios instituídos da Antiguidade, ela perpetua, até certo ponto, seu ministério entre nós. Pelo menos a semelhança entre aqueles ritos antigos e as cerimônias tanto práticas quanto teóricas da Maçonaria é bastante impressionante. O presente estudo deve ser reconhecido como um dos serviços deste autor prestados ao encantador Ofício.

O Templo da Cidade, Londres, E.C.

Reverendo J. Fort Newton

Capelão da Grande Loja de Iowa

Capítulo 1

A Lenda Eleusina

 lenda que constitui a base dos Mistérios de Elêusis, em cuja presença e participação se exigia uma forma elaborada ou cerimônia de iniciação, ocorria conforme segue:

Perséfone (por vezes descrita como Prosérpina e como Cora ou Core), quando colhia flores, foi raptada por Plutão, o Deus do Hades, e foi levada por ele para sua morada sombria; Zeus, o irmão de Plutão e o pai de Perséfone, consentiu. Deméter (ou Ceres), sua mãe, chegou tarde demais para ajudar sua filha, e nem mesmo pôde saber quem era seu raptor, e nem os deuses nem os homens foram capazes de instruí-la sobre o paradeiro de Perséfone ou quem a houvera levado. Por nove noites e nove dias ela vagou, com uma tocha nas mãos, na busca por sua filha. Finalmente, ela ouviu de Hélio, o Deus-Sol, o nome do raptor e seu cúmplice. Irada com Zeus, ela deixou o Olimpo e os deuses e desceu para explorar a terra disfarçada como uma velha.

No percurso de suas andanças, ela chegou a Elêusis, onde foi honrosamente entretida por Céleo, o governante do país, e, com ele e sua esposa Metanira, ela aceitou ficar para cuidar da educação de Demofonte, que acabara de nascer, e por quem ela se responsabilizou por tornar imortal.

Longa foi tua busca
Pela adorada Perséfone, tu não quebraste
Teu jejum pesaroso, até que a longínqua Elêusis
Recebeu-te errante.

Hino de Orfeu

Conta-se que o nome da cidade de Elêusis deriva do herói Elêusis, uma personagem fabulosa considerada por uns como o filho de Mercúrio e Daíra, filha de Oceano, enquanto que outros acreditam que ele era filho de Ocírroe.

Incógnita para os pais, Deméter costumava recobrir Demofonte com unguento de ambrosia durante o dia e escondê-lo durante a noite no fogo como um tição. Certa noite, tendo sido descoberta por Metanira, ela foi compelida a se revelar como Deméter, a deusa. Assim, ela ordenou aos eleusinos construírem um templo como uma oferta de paz e, isto feito, ela prometeu iniciá-los na forma de adoração que lhes garantiria sua benevolência e generosidade. "Sou eu, Deméter, cheia de glória, que suaviza e contenta os corações dos homens e dos deuses. Apressem-se, meu povo, para construir, próximo da fortificação, abaixo das proteções, um templo, e na eminência da colina, um altar, acima das muralhas de Cálidon. Eu lhes ensinarei os ritos que devem ser realizados e que são agradáveis a mim."

O templo foi construído, mas Deméter ainda jurava vingança contra os deuses e os homens e, devido à perda de sua filha, ela tornou a terra estéril por um ano inteiro.

O que te aflige que te impede de voltar para casa?
Deméter procura por longas distâncias;
E sombria ela vagueia sem cessar
Do amanhecer até o cair da noite.
"Minha vida, imortal como ela é,
É nada!" ela clama, "por anseio de ti,
Perséfone, Perséfone!"

O gado arou a terra, mas em vão a semente foi plantada no solo preparado. A humanidade foi ameaçada com a completa aniquilação e todos os deuses foram privados dos sacrifícios e das oferendas. Zeus esforçou-se por amenizar a cólera dos deuses, mas suas tentativas foram em vão. Finalmente, ele exigiu que Hermes ordenasse a Plutão que restituísse Perséfone à sua mãe. Plutão capitulou, mas antes que Perséfone deixasse as regiões sombrias, ela aceitou das mãos de Plutão quatro sementes de romã, oferta que serviria de sustento para sua jornada. Perséfone, retornando da terra da escuridão, encontrou sua mãe no templo de Elêusis, que havia sido construído recentemente. Deméter desejou saber se a filha havia comido qualquer coisa durante seu aprisionamento, porque seu retorno incondicional à terra e ao Olimpo dependeria disso. Perséfone informou à sua mãe que tudo o que ela havia comido se resumia unicamente a quatro sementes de romã. Como resultado, Plutão exigiu que Perséfone residisse com ele por quatro meses durante cada ano, ou um mês para cada semente comida. Deméter não tinha opção além de consentir neste acordo, significando que ela desfrutaria da companhia de Perséfone durante oito meses por ano, e que os quatro meses restantes seriam passados na companhia de Plutão. Deméter fez com que "os frutos das planícies férteis" fossem despertados de forma renovada, e toda a terra foi recoberta por folhas e flores. Deméter reuniu os príncipes de Elêusis – Triptólemo, Díocles, Eumolpo, Polixeno e Céleo – e os iniciou "nos ritos sagrados e veneráveis que não devem ser questionados ou revelados por nenhum homem; um aviso solene dos deuses sela nossa boca".

Embora o sigilo em relação à natureza dos majestosos Mistérios fosse estritamente imposto, o autor do Hino Homérico a Deméter não faz segredo sobre a felicidade que tomava conta de todos os iniciados: "Feliz é aquele que foi recebido; infeliz aquele que nunca recebeu a iniciação, nem faz parte das sagradas ordenanças, e que não pode ser destinado à mesma ventura reservada ao fiel na morada da escuridão".

A primeira menção do Templo de Deméter em Elêusis ocorre no Hino Homérico a Deméter, que já foi mencionado. Este hino não foi escrito por Homero, mas sim por algum poeta versado na tradição homérica, e é provavelmente datado do ano 600 a.C. Ele foi descoberto pouco mais de cem anos atrás em uma biblioteca de um velho mosteiro em Moscou, e agora ele repousa em um museu em Leiden.

Neste Hino Homérico a Deméter, Perséfone fornece sua própria versão do incidente conforme segue: "Todos nós estávamos brincando nos campos adoráveis – Leucipe, Fauna, Iante, Mélite, Iaco e Rode, Calírroe, Melobosis,

Janira e Axaste, Admeto, Ródope, Pluto e a encantadora Calipso; Stix, Urânia e a bela Galaxaure. Estávamos brincando e colhendo belas flores com nossas mãos; açafrão e íris, jacintos e rosas, lírios, uma maravilha para contemplar; narcisos que a vasta terra nos dá, uma sedução para minha ruína. Contente, eu estava colhendo flores quando a terra se abriu e de lá saltou o poderoso príncipe, o anfitrião de muitos convidados; ele me tomou contra minha vontade e me levou, apesar do meu sofrimento, para as profundezas da terra, em sua carruagem dourada; e estridentemente eu gritei".

A versão da lenda de acordo com Minúcio Felix é a seguinte: "Prosérpina, a filha de Ceres e Júpiter, enquanto colhia delicadas flores na primavera, foi subtraída de sua adorável morada por Plutão; e, sendo levada daquele lugar através de uma densa floresta e por uma extensão de mar, foi levada por Plutão para uma caverna, a morada de espíritos mortos, sobre os quais ela governou mais tarde com domínio absoluto. Mas Ceres, ao descobrir a perda de sua filha, com tochas acesas e envolta por uma serpente, caminhou por toda a terra com o propósito de encontrar sua filha, e descobriu para os eleusinos a plantação de milho".

De acordo com outra versão da lenda, Netuno encontra Ceres quando ela está à procura de sua filha e se apaixona por ela. A deusa, para escapar de suas atenções, esconde-se sob a forma de uma égua. Então, o deus do mar transforma-se em um cavalo para seduzi-la, ato com o qual ela fica tão ofendida que, depois de se lavar em um rio e reassumir a forma humana, esconde-se em uma caverna, onde permanece oculta. Quando a fome e a peste começam a devastar a terra, os deuses procuram por ela em toda a parte, mas não a encontram até que Pan a descobre e relata a Júpiter o seu paradeiro. Esta caverna era localizada na Sicília, país no qual Ceres era conhecida como a Ceres negra, ou como uma das Erínias, porque os insultos dirigidos a ela por Netuno a tornaram violenta e furiosa. Deméter foi representada na Sicília vestida com um manto negro, com a cabeça de um cavalo, segurando um pombo em uma das mãos e um golfinho na outra.

Sobre a submissão de Elêusis a Atenas, os Mistérios tornaram-se uma parte integral da religião de Atenas, e os Mistérios de Elêusis se tornaram uma instituição pan-helênica e, posteriormente, sob o domínio dos romanos, uma adoração universal. Porém, os ritos secretos da iniciação foram mantidos através de sua história.

Elêusis foi uma das doze cidades originalmente independentes de Ática, unificadas por Teseu, passando assim a ser um simples estado. Leusina agora ocupa este lugar e, assim, preserva o nome da cidade antiga. Teseu é descrito por Virgílio sofrendo um eterno castigo no Hades, mas Procles escreve sobre ele conforme segue: "Teseu e Piritoo são lendários por terem raptado Helena e terem descido às regiões infernais – eles eram amantes da beleza visível e compreensível. Posteriormente, Teseu foi libertado por Péricles do Hades, mas Piritoo permaneceu lá, porque ele não podia sustentar a árdua tarefa da contemplação divina".

Dr. Warburton, em sua obra *O Legado Divino de Moisés*, expõe sua opinião de que Teseu era uma personagem viva que certa vez forçou seu caminho através dos Mistérios de Elêusis, crime pelo qual foi aprisionado na terra e consequentemente amaldiçoado nas regiões infernais. Os Mistérios de Elêusis parecem ter constituído a porção mais vital da religião Ática, retendo sempre uma característica de admiração e solenidade. Eles não eram conhecidos fora da Ática até o período das guerras medievais, quando se espalharam nas colônias gregas da Ásia como parte da constituição dos estados colonizados, onde o culto parece ter exercido uma influência considerável tanto na população quanto nos filósofos. Fora de Elêusis, os Mistérios não eram celebrados de forma tão frequente nem em uma escala tão magnífica. Em algumas localidades onde os Mistérios eram celebrados a cada quatro anos, um sacerdote, que não era obrigado às leis do celibato como em Elêusis, era eleito pelo povo a cada nova celebração. Pausânias é a autoridade por trás da afirmação de que os habitantes de Fénea imitavam os Mistérios de Elêusis. Contudo, eles afirmavam que sua adoração havia sido instituída por Disaules, irmão de Céleo, que foi para seu país depois de ter sido expulso de Elêusis por Ion, o filho de Xuto, no momento em que Ion foi escolhido o chefe do estado-maior dos atenienses na guerra contra Elêusis. Pausânias questionou a informação de que qualquer eleusino que fosse derrotado na batalha teria sido forçado a se exilar, afirmando que a paz havia sido estabelecida entre os atenienses e os eleusinos antes da guerra acontecer. Até mesmo Eumolpo recebeu permissão para permanecer em Elêusis. Além disso, Pausânias, enquanto admitia que Disaules poderia ter se dirigido para Pilos por uma razão outra que não aquela admitida pelos seus habitantes, questionou se Disaules era parente de Celeo ou de qualquer membro da ilustre família eleusina. O nome Disaules não aparece no Hino Homérico a Deméter, onde estão enumerados todos aqueles que receberam o ensinamento do ritual dos Mistérios pela deusa, embora o nome de Celeo seja mencionado:

> *Ele mostrou para Triptólemo e Díocles, torturador de cavalos,*
> *E ao poderoso Eumolpo e Celeo, líder do povo,*
> *O modo de realizar o rito sagrado e explicou a todos eles as orgias.*

No entanto, de acordo com os habitantes de Pilos, foi Disaules quem instituiu os Mistérios entre eles.

Os cidadãos de Fénea também possuíam um santuário chamado Eleusino, que era dedicado a Deméter. Nesse santuário, eles celebravam os Mistérios pela honra da deusa. A lenda desse povo conta que Deméter vagava em busca de sua filha e que, grata pela hospitalidade que eles demonstraram, ela concedeu aos seus habitantes todos os tipos de sementes, com exceção da semente do feijão. Dois habitantes de Fénea – Trisaules e Damítales – construíram um templo para Deméter, a deusa das leis, no Monte Cilene, onde foram instituídos os Mistérios em sua honra e que foram celebrados até muito tempo depois. Dizem que foram introduzidos por Nau, um neto de Eumolpo.

Cícero escreveu: "Muito do que é excelente e divino faz com que Atenas tenha produzido e acrescentado às nossas vidas, mas nada melhor do que aqueles Mistérios, pelos quais somos formados e moldados partindo de um estado de humanidade rude e selvagem. Nos Mistérios, nós percebemos os princípios reais da vida e aprendemos não somente a viver de maneira feliz, mas a morrer com uma esperança mais justa". Todos os tipos de escritores, sejam eles poetas religiosos, poetas mundanos, filósofos céticos, oradores, todos sustentam uma única opinião sobre esta questão: os Mistérios eram a maior de todas as celebrações da Grécia.

Capítulo 2

O Ritual dos Mistérios

Os Mistérios de Elêusis, observados por quase todos os gregos, mas particularmente pelos atenienses, eram celebrados nas proximidades de Elêusis, embora nos primeiros registros de sua história eles fossem celebrados apenas uma vez a cada três anos, e uma vez a cada quatro anos pelos habitantes de Creta, Pirra, Fénea, Pilos e Esparta. Essa era a cerimônia mais celebrada da Grécia durante todo aquele período da história do país, referenciado com tamanha importância que o festival era frequentemente mencionado simplesmente como "Os Mistérios". Os rituais eram protegidos e ocultados cuidadosamente daqueles que não pertenciam ao grupo dos iniciados. Se um indivíduo divulgasse qualquer parte do ritual, ele ficaria marcado como alguém que havia ofendido as leis divinas, e, por meio de tal ato, esse indivíduo estaria suscetível à vingança divina. Não seria seguro morar na mesma casa que ele e, assim que sua ofensa se tornasse pública, ele seria preso. Da mesma forma, um castigo severo era administrado àquele que não fosse iniciado nos Mistérios e que estivesse presente durante a celebração, mesmo que sua presença fosse motivada por ignorância ou erro genuíno.

Os Mistérios eram divididos em duas partes – os Mistérios Menores e os Mistérios Maiores. Alguns dizem que os Mistérios Menores foram instituídos quando Hércules, Castor e Pólux expressaram o desejo pela iniciação, estando em Atenas no momento da celebração dos Mistérios, de acordo com a ordenança de Deméter. Estrangeiros que eram, eles não eram elegíveis para a honra da iniciação. Porém, a dificuldade foi superada por Eumolpo, que desejava incluir na lista dos iniciados um homem de tanto poder e eminência quanto Hércules, mesmo que ele não fosse um ateniense. Os três foram primeiramente transformados em cidadãos, e, então, como uma preliminar à cerimônia de iniciação conforme descrita pela deusa, Eumolpo instituiu os Mistérios Menores, que posteriormente se tornaram uma cerimônia preliminar aos Mistérios Maiores, para os candidatos que haviam nascido em outras cidades. Mais tarde, essa Celebração Menor, que acontecia em Agra no mês das Antesterias, que correspondia ao início da primavera, tornou-se uma preparação geral para as Celebrações Maiores. Nenhum indivíduo poderia ser iniciado nos Mistérios Maiores até que tivesse sido iniciado nos Mistérios Menores.

Uma lenda registra que em certa época Hércules desejou se tornar um membro de uma das sociedades secretas da Antiguidade. Ele se apresentou e solicitou de forma adequada sua iniciação. Seu caso foi conduzido para um conselho de homens sábios e virtuosos, que rejeitaram sua admissão devido aos crimes que ele havia cometido. Consequentemente, sua iniciação foi negada. As palavras do conselho foram: "Tu estás proibido de entrar aqui; teu coração é cruel, tuas mãos estão manchadas pelo crime. Vai reparar os erros que cometeste; arrepende-te dos teus malfeitos e então volta com o coração puro e com as mãos limpas, e as portas de nossos Mistérios estarão abertas para ti". A lenda ainda conta que, depois de sua regeneração, ele retornou e se tornou um membro valioso da Ordem.

As cerimônias dos Mistérios Menores eram inteiramente diferentes daquelas relacionadas aos Mistérios Maiores. Os Mistérios Menores representavam o retorno de Perséfone à terra, o que, obviamente, aconteceu em Elêusis. Os Mistérios Maiores representavam a descida de Perséfone às regiões infernais. Os Mistérios Menores honravam mais a filha do que a mãe, que era a figura principal nos Mistérios Maiores. Nos Mistérios Menores, Perséfone era conhecida como Ferefata e nos Mistérios Maiores ela recebeu o nome de Core. Lenormant afirma que os iniciados nos Mistérios Menores levaram de Agra um certo conhecimento religioso que possibilitava o entendimento dos símbolos e representações que eram revelados diante de seus olhos nos Mistérios Maiores em Elêusis.

O objetivo dos Mistérios Menores era comunicar de forma oculta a condição da alma impura recoberta com o corpo terreno e submersa em uma natureza material. Os Mistérios Maiores ensinavam que o indivíduo que estava subjugado pela sua parte irracional na vida presente, estava verdadeiramente no Hades. Se Hades, então, é a região de castigo e angústia, a alma purificada deve residir na região da felicidade na vida presente e de acordo com uma energia divina na próxima. Eles insinuavam a felicidade da alma através de visões místicas deslumbrantes, tanto aqui quanto na vida futura, quando estariam purificados da contaminação da natureza material e consequentemente elevados às realidades da visão intelectual.

Os Mistérios deveriam representar numa espécie de teatro moral a ascensão e o estabelecimento da sociedade civil, a doutrina de um estado de futuras recompensas e castigos, os erros do politeísmo e a Unidade de Deus, item que mais tarde provou constituir seu segredo afamado. O ritual era produzido no santuário. Ele era envolvido em figuras simbólicas de animais que expressavam uma correspondência inexplicável para aqueles que não eram iniciados.

K. O. Müller, em sua obra *A História da Literatura da Grécia Antiga*, diz: "Toda a poesia religiosa grega que trata da morte e do mundo existente depois da morte se refere às divindades cuja influência era supostamente exercida nessa região sombria do centro da Terra. Pensava-se que elas tinham pouca conexão com as relações sociais e políticas da vida humana. Essas divindades formavam uma classe à parte dos deuses do Olimpo e estavam compreendidas sob a definição de deuses ctônicos (deuses do submundo). Os mistérios dos gregos eram relacionados somente com a adoração desses deuses. O amor pela imortalidade, que encontrou o primeiro apoio em uma crença nessas divindades, aparece na fábula de Perséfone, a filha de Deméter. Todo o ano, na época da colheita, Perséfone era transportada da terra para os domínios sombrios do invisível Rei das Sombras, para retornar para os braços de sua mãe toda a primavera, com sua beleza jovial. Desta forma, os gregos descreviam o desaparecimento e o surgimento da vida vegetal que ocorriam durante as mudanças das estações. As transformações da Natureza, no entanto, devem ter sido consideradas na tipificação das mudanças no domínio do homem; caso contrário, Perséfone teria sido meramente um símbolo da semente que é plantada no solo e não teria se tornado a rainha dos mortos. Mas quando a deusa da natureza inanimada se torna rainha dos mortos, uma analogia natural é estabelecida, que primeiramente teria sugerido que o retorno de Perséfone ao mundo da luz também denotava uma renovação da vida e um novo surgimento do homem. Assim, os Mistérios de Deméter, especialmente aqueles celebrados em Elêusis, inspiraram as esperanças mais elevadas e vitalizadas em relação à condição da alma depois da morte".

Nenhum indivíduo que havia sido penalizado pela sentença de castigo capital por traição ou conspiração tinha permissão de comparecer aos Mistérios, mas todos os outros exilados poderiam estar presentes e eles não eram molestados de nenhuma maneira durante todo o período da Celebração. Além disso, ninguém poderia ser preso por dívida durante este período.

Muito pouco é sabido sobre o roteiro dos Mistérios Menores. Eles eram celebrados durante os dias 19 até 21 do mês das Antesterias e, da mesma forma que os Mistérios Maiores, eram precedidos e seguidos por uma trégua para todos os que estavam envolvidos na guerra.

Os mesmos oficiais presidiam ambas as celebrações. Os Mistérios Menores iniciavam-se com um sacrifício para Deméter e Perséfone, e uma parte das vítimas sacrificadas era reservada para os membros das famílias sagradas dos Eumólpidas e dos Cérices. O principal objetivo dos Mistérios Menores era colocar os candidatos à iniciação em uma condição de purificação do ritual e, de acordo com Clemente de Alexandria, eles incluíam certas instruções e preparativos para os Mistérios Maiores. Como os Mistérios de Elêusis, propriamente chamados dessa forma, eles incluíam representações dramáticas do rapto de Perséfone e as andanças de Deméter; além disso, de acordo com Stephen Bysantium, incluíam certas representações dionisíacas.

Dois meses antes da lua cheia no mês das boedromias, o arauto, selecionado dentre as famílias sacerdotais chamadas Eumólpidas e Cérices, saía para anunciar a celebração vindoura dos Mistérios Maiores e para proclamar um armistício da parte de todos aqueles que poderiam estar envolvidos na atividade da guerra. A trégua tinha início no décimo quinto dia do mês e durava até o décimo dia do mês seguinte, seguida da celebração. Para ser válida, a trégua tinha de ser proclamada e aceita por cada cidade helênica.

Todos os preparativos para a celebração adequada dos Mistérios, tanto Menores quanto Maiores, estavam nas mãos das famílias sacerdotais dos Eumólpidas e dos Cérices. Estas eram antigas famílias eleusinas, cuja origem remontava à época em que Elêusis era independente de Atenas, e a família de Eumolpo sobreviveu como uma casta sacerdotal até o último período da história ateniense.

Seus membros possuíam o direito hereditário aos segredos dos Mistérios. Assim, o Estado reconheceu o direito e o privilégio exclusivo dessas famílias de conduzir as iniciações e forneceu a cada uma metade dos indivíduos que fariam parte do grupo religioso do templo. A família de Eumolpo sustentava um lugar tão eminente nos Mistérios que Cícero os menciona sem incluir a família sacerdotal dos Cérices.

Pausânias relata que, depois de uma guerra entre os eleusinos e os atenienses, no momento em que Erecteu, rei de Atenas, venceu Ísmaro, filho de Eumolpo, fazendo com que os eleusinos se submetessem, estipulou que eles poderiam manter seus Mistérios, mas em todos os outros aspectos eles deveriam ser subjugados aos atenienses. Esta tradição é discutida por muitos autores modernos. Contudo, ela foi aceita pelos atenienses e influenciada de forma geral, e o direito das duas famílias de preparar os candidatos para a iniciação foi reconhecido por meio de um decreto do século V a.C., sendo confirmado posteriormente em uma convenção entre os representantes de Elêusis e Atenas. A família sacerdotal dos Eumólpidas era descendente de um ancestral lendário, Eumolpo, filho de Netuno, que é mencionado pela primeira vez no tempo de Pisístrato. De acordo com a lenda, no momento da morte de Eumolpo, Cérix, o filho mais novo, foi abandonado. Mas a família sacerdotal dos Cérices proclamou que Cérix era filho de Hermes com Aglauro, filha de Cecrops, e que ele não era filho de Eumolpo.

Os membros da família sacerdotal dos Eumólpidas reivindicavam a carne dos animais sacrificados, mas não era permitido que eles entregassem uma porção a qualquer outro indivíduo como prêmio ou recompensa pelos serviços prestados. Mas quando um sacrifício era oferecido a qualquer uma das divindades infernais, todo ele tinha de ser consumido pelo fogo. Nada deveria ser poupado. Todas as questões religiosas relacionadas aos Mistérios que não poderiam ser resolvidas pelas leis conhecidas eram levadas a Eumolpo, cuja decisão era definitiva.

O significado do nome "Eumolpo" é "um bom cantor". Isto porque uma grande importância era agregada à qualidade da voz na escolha do sacerdote, o oficiante principal na celebração dos Mistérios e na cerimônia de iniciação. Esse sacerdote era escolhido dentre a família dos Eumólpidas. Era essencial que a fórmula revelada aos iniciados em Elêusis fosse pronunciada com a entonação adequada, pois, do contrário, as palavras não teriam nenhuma eficácia. A entonação correta tinha maior importância do que a pronunciação silábica.

Uma explicação sobre isto é dada por Maspero, que diz: "A voz humana é predominantemente um instrumento mágico, sem o qual nenhuma das atividades artísticas pode ser bem-sucedida: cada uma dessas expressões é conduzida à região do invisível e lá ela libera forças. Estas forças, assim como sua diversificada ação, são desconhecidas para a maior parte dos indivíduos. Sem dúvida, o valor real de uma evocação repousa em seu texto, ou na sequência de palavras com as quais ela é composta, além do tom escolhido para enunciá-la. Para que ela seja eficaz, a evocação deve ser acompanhada por uma repetição rítmica, que pode ser um encantamento ou uma canção. Para produzir o efeito desejado, a melodia sacramental deve ser cantada sem variação de uma única modulação:

uma nota falsa, um erro no ritmo, uma troca de quaisquer dentre dois sons que a compõem, e o efeito pretendido será anulado. Esta é a razão pela qual todos que recitam uma prece ou uma fórmula com o intuito de pedir aos deuses que realizem certos atos devem ser possuidores de uma verdadeira voz. O resultado do esforço, bem-sucedido ou não, dependerá da precisão de sua entonação. A voz é o elemento que desempenha o papel mais importante na oferenda, na prece do pedido derradeiro e na evocação – em uma palavra, em todas as instâncias onde um homem buscou alcançar os deuses".

Sem a "voz verdadeira", as palavras seriam meramente sons mortos. O caráter da voz desempenha um papel importante em muitas religiões. Os Vedas contêm muitas invocações e hinos que não podem ser recitados por nenhum brâmane que não foi iniciado: somente os iniciados conhecem suas verdadeiras propriedades e sabem como executá-los. Alguns dos hinos do *Rig-Veda*, quando arranjados de forma anagramática, produzirão todas as invocações secretas que eram usadas para propósitos mágicos nas cerimônias bramânicas. Alguns parses prestam muita atenção ao que é chamado *ázád áwá*, ou "voz livre". A tradição muçulmana registra que uma revelação chegou ao profeta árabe venerado semelhante ao "toque de um sino". Os efeitos que o canto monótono e suave produz em indivíduos nervosos e crianças são amplamente conhecidos. Até mesmo os animais e as serpentes são receptivos à influência do som.

O hierofante era um descobridor de elementos sagrados. Ele era um cidadão de Atenas, um homem de idade madura que se dedicava ao seu ofício por toda a vida, devotando-se inteiramente ao sacrifício pelo templo e vivendo uma vida casta. No final de sua jornada, era costume que ele ungisse seu corpo com o suco da cicuta, que, devido à sua extrema gelidez, extinguia em grande medida o calor natural. Na opinião de alguns escritores, o celibato era uma condição indispensável para a hierarquia mais elevada do sacerdócio; mas de acordo com as inscrições recentemente descobertas, alguns dos sacerdotes eram casados. De qualquer maneira, a regra estipulava que, durante a celebração dos Mistérios e, provavelmente, por um certo período de tempo antes e depois da celebração, era obrigação do sacerdote abster-se do intercurso sexual. Foucart sustenta a opinião de que o celibato era exigido somente durante a celebração dos Mistérios, embora Pausânias definitivamente afirme o contrário. Confirmando a opinião de Foucart, pode ser mencionado que entre as inscrições descobertas em Elêusis, uma esposa dedica uma estátua ao sacerdote. Era essencial que o sacerdote fosse um homem de presença dominante, embora levasse uma vida simples. Sendo elevado em sua dignidade, ele recebia uma espécie de consagração em uma cerimônia especial, na qual somente aqueles pertencentes ao seu nível poderiam estar presentes. Nessa ocasião, eram confiados a ele certos segredos que faziam parte do seu importante ministério. Antes da cerimônia, ele passava por um rito de purificação, emergindo seu corpo no mar, um ato ao qual os gregos atribuíam grande virtude. Ele tinha de ser um homem de conduta moral exemplar, considerado pelo povo como um ser particularmente sagrado. As qualificações de um sacerdote eram tão superiores que o ofício não poderia ser hereditário, pois seria uma exceção encontrar um pai e um filho em posse de predicativos tão variados e elevados, essenciais para o desempenho do ministério. A túnica do sacerdote consistia de um longo manto púrpura; seu cabelo, coroado com uma grinalda de murta, corria em longas mechas até seus ombros, e um diadema ornamentava sua fronte. Na celebração dos Mistérios, ele representava o Criador do mundo. Somente ele poderia penetrar no mais recôndito santuário do Vestíbulo dos Mistérios, quando, no momento mais solene de toda a celebração mística, sua forma repentinamente aparecia transfigurada com luz antes do breve olhar dos iniciados. Somente ele poderia revelar aos iniciados os objetos místicos, cuja visão marcava a completude de sua admissão na comunidade. Ele possuía o poder de recusar a admissão daqueles candidatos que julgava inadequados para serem depositários dos segredos. Ele não permanecia inativo durante os intervalos entre as celebrações dos Mistérios. Era seu dever supervisionar a instrução dos candidatos para a iniciação que, para tal propósito, eram divididos em grupos e ensinados por homens chamados mistagogos. O nome pessoal do sacerdote jamais era mencionado. Ele tinha de ser desconhecido, deveria "flutuar no mar pela lei mística". Seu nome verdadeiro era conhecido somente pelo título do ofício que ele realizava.

 Uma inscrição interessante foi encontrada há alguns anos em Elêusis, entalhada na base de uma estátua construída para um sacerdote: "Não perguntes meu nome; a regra mística o levou ao mar azul. Mas quando eu alcançar o dia determinado, e quando eu for para a morada abençoada, então, todos que se importam comigo o pronunciarão". Um dos filhos de um sacerdote havia escrito abaixo dessa inscrição, depois de sua morte: "Agora nós, seus filhos, revelamos o nome do melhor dos pais que, quando vivo, ficou oculto nas profundezas do mar. Este é o notável Apolônio". Ainda existe um epigrama de uma sacerdotisa que diz: "Permita que meu nome permaneça inconfesso: estando desligada do mundo quando os filhos de Cecrops me fizeram sacerdotisa de Deméter, eu me escondi nas vastas profundezas". Em *Vita Maxim*, Eunápio diz: "Eu não devo dizer o nome daquele que foi um sacerdote, pois foi ele quem me iniciou". A maneira pela qual o nome era enviado ao mar era ou por imersão de seu portador, ou escrevendo o nome em um bloco que seria mergulhado no mar. O nome sagrado, através do qual o sacerdote seria conhecido posteriormente, era derivado do nome de algum deus ou um nome que carregasse algum significado ritualístico. Por vezes, o sacerdote era conhecido simplesmente pelo título de seu ofício, com o acréscimo do nome do seu pai. A regra que proibia a menção pública do nome anterior do sacerdote era ocasionalmente transgredida. Prova disso é a ocorrência do filósofo ateu Teodoro, que se dirigiu a um sacerdote por meio do seu nome descartado Lacrateides, e também de Denias, que foi enviado para a prisão devido à ofensa causada por se dirigir a um sacerdote pelo seu nome de família abandonado.

Luciano refere-se a esta questão em uma passagem de sua obra *Lexiphanes*: "O primeiro que conheci foi um carregador de tocha, um sacerdote e outros iniciados, arrastando Denias para diante do juiz e protestando que ele os havia chamado por seus nomes, embora nós bem soubéssemos que, no momento da santificação, eles não tinham mais nomes e não deveriam mais ser nomeados a não ser por nomes consagrados".

Nas Inscrições Imperiais, nós encontramos os títulos substituídos pelos nomes próprios.* O sacerdote era compelido a evitar o contato com os mostos, da mesma maneira que os Cohen da fé judaica, e com certos animais que eram considerados impuros. O contato com qualquer indivíduo que estivesse sangrando também causava a impureza. Ele era assistido por uma sacerdotisa, ou por uma serva da deusa Deméter e sua filha Perséfone. Ela era escolhida da família dos Eumólpidas e esta escolha era feita em regime vitalício. Ela poderia se casar, e muitas inscrições mencionam os nomes dos filhos dessas servas. Na iniciação neste elevado grau, ela era apresentada nua ao lado de uma fonte sagrada, na qual sua mão direita era colocada. Neste momento, o sacerdote declarava que ela era verdadeira, sagrada e dedicada ao serviço do templo. O dever especial de uma sacerdotisa era supervisionar a iniciação das aspirantes, mas ela estava presente durante toda a cerimônia e desempenhava um certo papel na iniciação dos candidatos homens. Uma inscrição no túmulo de uma serva menciona para sua glória que ela havia posicionado a grinalda de murta, o símbolo da comunicação mística, nas cabeças dos iniciantes ilustres Marco Aurélio e seu filho Cômodo. Outra glorificava sua ação de ter iniciado o Imperador Adriano.

Depois das servas estavam os carregadores de tochas femininos e masculinos, que eram escolhidos da família

---

*N. do T.: De acordo com duas inscrições encontradas em Elêusis, aparentemente era costume tornar o nome público depois da morte do sacerdote. Parece também ter sido uma prática comum tornar o nome conhecido para os iniciados sob o juramento de segredo. Sir James Frazer considera que os nomes eram provavelmente entalhados em pedaços de bronze ou chumbo e, então, jogados nas profundezas das águas no Golfo de Salamina.

sacerdotal dos Cérices. Seu dever consistia em carregar as tochas na Cerimônia Sagrada. Eles também se vestiam com túnicas púrpuras, grinaldas de murta e diademas. Eram escolhidos em regime perene e poderiam se casar. Os homens eram particularmente associados com o sacerdote em certas festividades solenes e públicas, tais como o primeiro discurso aos candidatos à iniciação e durante as preces públicas pelo bem-estar do Estado. O ofício geralmente passava de pai para filho. Até o século I a.C., os carregadores de tochas nunca eram chamados pelos seus nomes próprios, mas sempre pelo título do seu ofício.

O mensageiro das notícias sagradas era representativo de Hermes, ou Mercúrio, que, sendo mensageiro dos deuses, era indispensável como uma espécie de mediador sempre que os homens desejavam se aproximar dos Imortais. Ele também usava um manto de púrpura e uma grinalda de murta; e era escolhido em regime vitalício dentre os membros da família sacerdotal dos Cérices. Ele era responsável pelas proclamações necessárias feitas aos candidatos à iniciação em vários níveis e particularmente prescrevia o silêncio a eles. Era necessário que ele tivesse passado por todos os três graus, pois seus deveres exigiam que estivesse presente durante toda a cerimônia. E havia aqueles que supervisionavam as estátuas e os recipientes sagrados, que precisavam ser mantidos em bom estado. Eles eram escolhidos de uma das duas famílias sacerdotais.

Entre os outros oficiantes, estava o liknophori que carregava o leque místico; o *hydranoi* que purificava os candidatos à iniciação aspergindo água benta no início do Festival; o *spondophoroi* que proclamava a trégua sagrada, decreto este que permitia a celebração pacífica dos Mistérios; o *pyrphoroi* que iniciava e mantinha o fogo para os sacrifícios; o hieraules que tocava a flauta durante o momento em que os sacrifícios eram oferecidos – eles eram os líderes da música sagrada. Existiam, ainda, aqueles que estavam sob o seu comando, o *hymnodoi*, o *hymnetriai*; o *neokoroi* mantinha os templos e os altares; o *panageis* que formavam a classe entre os ministros e os iniciados. Por fim, havia os "iniciados do altar", que realizavam ritos expiatórios em nome e no lugar de todos os iniciados. Havia também muitos ajudantes inferiores, que eram chamados de nomes como, por exemplo, "melissa", que significa abelha, talvez porque as abelhas, sendo produtoras de mel, eram sagradas para Deméter. As sacerdotisas diluvianas e as almas regeneradas eram chamadas de "abelhas". Todos estes oficiantes precisavam desfrutar de uma reputação imaculada, e todos eles usavam uma grinalda de murta enquanto estavam envolvidos nos serviços do templo.

Os oficiantes, cujo dever era cuidar para que o ritual fosse meticulosamente realizado, incluíam nove arcontes, que eram escolhidos todos os anos para administrar os negócios da Grécia. O primeiro deles era sempre o Rei, ou Arconte Basílio, cujo dever na celebração dos Mistérios era oferecer preces e sacrifícios, além de cuidar que nenhuma indecência ou irregularidade fosse cometida durante o Festival. No final das celebrações, eles deveriam julgar todos os ofensores. Havia também quatro curadores, eleitos pelo povo, escolhidos um da família dos Eumólpidas, outro da família dos Cérices, e dois da classe dos cidadãos; e dez homens cujo dever era oferecer os sacrifícios. É pertinente observar o que Diógenes Laércio diz sobre a vida de Epimênides de Creta, que se destacou por volta do ano 600 a.c. Ele foi o primeiro a realizar sacrifícios expiatórios e purificações em campos e casas, e o primeiro a construir templos para o propósito do sacrifício.

Os símbolos sagrados utilizados nas cerimônias eram confinados em uma câmara especial no Vestíbulo da Iniciação, conhecido como o Anactoron, dentro do qual apenas o sacerdote tinha permissão para ficar. Durante a celebração dos Mistérios, eles eram levados para Atenas cobertos e escondidos dos olhares do mundo, e, posteriormente, eles eram levados de volta a Elêusis. Somente os iniciados poderiam olhar para esses "hiera", como eles eram chamados. Estes objetos sagrados estavam sob a responsabilidade da família dos Eumólpidas.

As descrições, embora bastante explicativas e eloquentes, comunicam apenas uma impressão débil das cenas maravilhosas que eram executadas: Aristides conta que o que era visto não poderia competir com o que era ouvido. Outro escritor declarou: "Visões maravilhosas podem ser vistas e muitos contos de maravilhas são ouvidos na Grécia; mas não há nada em que a bênção de Deus repousa em medida tão exata quanto nos ritos de Elêusis e nos Jogos Olímpicos". Por nove séculos – sendo o período de tempo dividido quase que igualmente entre a era pré-cristã e a cristã – eles constituíam o alicerce do paganismo grego. Posteriormente, quando as restrições quanto à admissão começaram a ser relaxadas, e em proporção a este relaxamento, o seu caráter religioso essencial desapareceu; elas se tornaram nada além de uma cerimônia cujo esplendor era o principal atrativo, até que, finalmente, eles se degeneraram em mera superstição. Juliano lutou em vão para infundir uma nova vida no culto que estava desaparecendo, mas era tarde demais – os Mistérios de Elêusis estavam mortos.

Os atenienses eram extremamente religiosos e, durante o período em que a iniciação era limitada à raça, a reputação de Elêusis foi mantida, embora os peregrinos de várias e remotas partes do mundo visitassem a cidade durante a estação dos Mistérios. Quando foram levados para Roma, que estava sob o reinado de Adriano, os Mistérios de Elêusis contraíram impurezas e se degeneraram, transformando-se em tumulto e vício. A espiritualidade de seus ensinamentos não acompanhou a transferência ou não foi compreendida. Apesar de as formas de iniciação ainda serem símbolos dos objetos nobres e originais da instituição, os romanos licenciosos interpretaram-nas de forma errônea, tomando a sombra pela substância e, enquanto eles passavam por todas as cerimônias, eram estranhos aos objetos a partir dos quais eram forjados.

No ano de 364 d.C., uma lei proibindo rituais noturnos foi publicada por Valentiniano, mas Pretextarus, que fora instituído governador de Acaia, persuadiu-o a revogar tal lei, insistindo que a vida dos gregos seria profundamente insuportável se eles fossem privados dos rituais, seu mais sagrado e elaborado festival. Muitos escritores discutem o fato de as cerimônias acontecerem no período noturno, mas no início do Cristianismo também era costume dos cristãos se reunirem à noite ou antes do amanhecer, uma circunstância que fez com que suas assembleias fossem conhecidas como *antelucani*, e eles eram conhecidos como *lucifugae*, ou "inimigo das luzes", a título de reprovação. No início do século V, Teodósio, o Grande, proibiu e quase extinguiu por completo a teologia pagã no Império Romano, e os Mistérios de Elêusis sofreram a destruição completa. É provável, no entanto, que os Mistérios fossem celebrados de forma secreta, apesar dos severos decretos de Teodósio; e é possível que eles tenham continuado a existir durante a Baixa Idade Média, mesmo que despidos de seu esplendor. É certo que muitos ritos da religião pagã foram realizados sob o rótulo dissimulado de reuniões amigáveis, muito depois da publicação dos decretos do Imperador, e Pselo nos informa que os Mistérios de Ceres existiram em Atenas até o século XIII da era cristã e nunca foram totalmente suprimidos.

A Celebração dos Mistérios Maiores – e isto era, naturalmente, o mais importante – começava no décimo quinto dia do mês das Boedromias, o que correspondia aproximadamente ao mês de setembro, e durava até o vigésimo terceiro dia do mesmo mês. Durante este período, era proibida a prisão de qualquer homem presente, ou apresentar qualquer petição exceto por ofensas cometidas na Celebração. Duras penas eram aplicadas àqueles que violassem esta lei, e multas eram fixadas em não menos do que mil dracmas. Alguns afirmam que os transgressores chegavam a ser mortos.

Capítulo 3

Roteiro dos Mistérios Maiores

texto seguinte apresenta o roteiro dos Mistérios Maiores, que se estendiam durante um período de dez dias. As várias funções eram caracterizadas pela maior solenidade possível e decoro, e as cerimônias eram consideradas cerimônias "religiosas", na mais alta acepção deste termo.

Primeiro Dia – O primeiro dia era conhecido como "Reunião" ou "Assembleia", quando todos os que haviam passado pelos Mistérios Menores se reuniam para assistir à celebração dos Mistérios Maiores. Nesse dia, o Arconte Basílio presidia todos os cultos da cidade e reunia todos em um lugar chamado *Stoa Poikile*. Depois que o Arconte Basílio, com quatro assistentes, oferecia os sacrifícios e preces para o bem-estar da Grécia, ele fazia a seguinte proclamação usando seu manto do ofício:

"Venham todos aqueles que estiverem limpos de todas as impurezas e aquelas almas que não têm consciência do pecado. Venham todos que viveram uma vida de virtude e justiça. Venham todos vós que sois puros, cujo discurso pode ser entendido. Todos aqueles que não têm as mãos limpas, a alma pura e uma voz inteligível não devem presenciar os Mistérios".

O sacerdote então ordenava que o povo lavasse as mãos em água benta e os ímpios eram ameaçados com castigo estabelecido por lei no caso de serem descobertos, mas estariam sujeitos especialmente à ira dos deuses. O mensageiro das notícias sagradas cumpria seus deveres observando o mais rígido sigilo em relação a tudo o que ele poderia testemunhar e ordenava o silêncio durante toda a cerimônia, para que nem mesmo uma exclamação fosse proferida. Os candidatos à iniciação eram reunidos fora do templo, cada um sob a orientação dos mistagogos, que repetiam essas instruções para os candidatos. Uma vez dentro dos limites sagrados, todos os iniciados eram sujeitados a uma purificação com o fogo cerimonial. Todos usavam vestes especiais para a ocasião. Isto é evidenciado na construção das palavras de inscrições que foram recentemente descobertas, mas as particularidades de suas vestes ainda permanecem desconhecidas. Sabemos que as vestes extravagantes e caras eram consideradas com desgosto por Deméter, sendo proibido o uso de tais vestimentas no templo. Jóias, ornamentos de ouro, cintos de cor púrpura e outros tipos de ornamentos também eram proibidos, assim como as túnicas e tecidas de cores mescladas. Os cabelos das mulheres tinham de estar soltos sobre seus ombros e não poderiam estar presos com tranças ou enrolados em suas cabeças. Nenhuma mulher poderia usar cosméticos.

Segundo Dia — O segundo dia era conhecido como *Halade Mystae*, ou "Para o mar, tu *mystae*", um comando que ordenava que todos os iniciados fossem se purificar com um banho no mar ou na água salgada de dois lagos sagrados chamados Reiti, em um ritual que era conhecido como "O Caminho Sagrado". Somente os sacerdotes tinham o direito exclusivo de pescar nesses lagos. Uma procissão era formada, da qual todos participavam, dirigindo-se para os lagos, onde eles se banhavam e se purificavam. Essa purificação era relacionada com a prática que os judeus mantêm até hoje no início do ano judaico. Este dia era dedicado a Saturno, cujos domínios, diz-se, a alma cai em sua descida do Trópico de Câncer. Capella compara Saturno a um rio volumoso, indolente e frio. O planeta significa intelecto puro, e Pitágoras chamou simbolicamente o mar de uma lágrima de Saturno. O banho era antecedido por uma confissão, e a maneira na qual o banho era realizado e o número de imersões variavam de acordo com a admissão de culpa que cada um confessava. De acordo com Suidas,[1] aqueles que tinham que se purificar de um assassinato mergulhavam na água sagrada em duas ocasiões distintas, emergindo sete vezes em cada ocasião. Na volta do banho, todos eram considerados "novas criaturas", e o banho era considerado uma água benta de regeneração. Os iniciados eram vestidos com pele de cervo ou pele de carneiro. Contudo, a purificação

---

1. Suidas – Autor de uma enciclopédia grega do século X que recebeu o mesmo nome.

não estaria completa até o dia seguinte, quando era acrescentada a aspersão de sangue de um porco sacrificado.

Cada um deveria levar para o rio ou lago um pequeno porco, que também era purificado com o banho e, no dia seguinte, este porco era sacrificado. O porco era ofertado, pois ele era muito pernicioso para as plantações de milho. Na cunhagem eleusina, o porco, colocado sobre uma tocha posicionada horizontalmente, aparece como um sinal e um símbolo dos Mistérios. Nesse dia, alguns dos iniciados se submetiam a uma purificação especial próxima ao altar de Zeus no Caminho Sagrado. Para cada pessoa que desejava se purificar, um boi era sacrificado para o Zeus infernal. A pele dos animais era colocada no chão pelos carregadores de tochas, e o objeto da cerimônia de purificação permanecia lá agachado, apoiado em seu pé esquerdo.

Terceiro Dia — No terceiro dia, prazeres de todos os tipos, até mesmo os mais inocentes, eram estritamente proibidos, e todos jejuavam até o anoitecer, quando compartilhavam bolo de sêmea, milho seco, sal, sementes de romã e vinho sagrado misturado com leite e mel. O Arconte Basílio celebrava, na presença dos representantes de todas as cidades estrangeiras, o grande sacrifício de Soteria[2] pelo bem-estar do Estado, dos cidadãos atenienses e suas esposas e seus filhos. Essa cerimônia acontecia em Eleusino, próximo a Acrópole. O dia era conhecido como o Dia da Lamentação e supostamente comemorava a tristeza de Deméter por ter perdido sua filha Perséfone. Os sacrifícios oferecidos consistiam

---

2. Soteria – grego para "salvação".

principalmente em um peixe e cevada cultivada em um campo de Elêusis. As oferendas eram consideradas tão sagradas que os sacerdotes não poderiam compartilhar delas, como é também costume em outras oferendas. Ao final da cerimônia geral, cada um sacrificava o porco purificado no mar na noite anterior.

O porco de conciliação oferecido a Frey era um sacrifício solene no norte da Europa e na Suécia. Atualmente, o costume tem sido preservado com o ato de assar um pão ou um bolo na noite de Natal, na forma de um porco.

Quarto Dia – O evento principal do quarto dia era uma procissão solene, quando todos os cestos de Ceres (Deméter) eram carregados em carruagens sagradas enquanto a multidão gritava "Saudações, Ceres!". A última parte da procissão era composta por mulheres que carregavam cestos contendo gergelim, lã desembaraçada, grãos de sal, milho, sementes de romã, junco, ramos de hera, bolos de papoula e, algumas vezes, serpentes. Um dos tipos de bolos era conhecido como "bolo de boi"; eles eram feitos com pequenos chifres e eram dedicados à lua. Outro tipo continha sementes de papoula, que eram usadas nas cerimônias porque se acreditava que alguns grãos de papoula foram dados a Deméter quando ela chegou à Grécia para induzir seu sono, pois ela não havia dormido desde o momento do rapto de Perséfone. Deméter é invariavelmente representada em suas estátuas como uma figura bastante arredondada, cercada por grãos de milho, segurando em suas mãos um ramo de papoula.

Quinto Dia – O quinto dia era conhecido como o Dia das Tochas, porque, no cair da noite, todos os iniciados caminhavam em pares em volta do templo de Deméter, em Elêusis, e os carregadores de tochas conduziam a procissão. As tochas eram agitadas e passavam de uma mão para outra, a fim de representar a deusa na procura por sua filha, quando ela foi conduzida pela luz de uma tocha acesa nas chamas do Etna.

Sexto Dia – Iaco era o nome dado ao sexto dia do Festival. O "deus jovem", Iaco, Dioniso ou Baco, era o filho de Júpiter e Ceres e acompanhou a deusa em sua procura por Perséfone. Ele também carregava uma tocha — assim, sua estátua é representada com uma tocha nas mãos. Esta estátua, com outros objetos sagrados, era tirada do santuário de Iaco em Atenas; depois era montada em uma carruagem de quatro rodas muito rústica puxada por touros e era acompanhada pelos magistrados nomeados para a ocasião, vindos da Região de Potter para Elêusis através do Caminho Sagrado, em procissão solene.

Nesse dia, a solenidade do cerimonial atingia seu mais alto nível. A estátua, assim como o povo que a acompanhava, era coroada com murta, dançando por todo o caminho, batendo panelas de latão, tocando instrumentos de vários tipos e cantando músicas sagradas. Algumas interrupções eram realizadas durante a procissão em diversos santuários, no lugar da casa de Fítalo que, conforme se acredita, recebeu a deusa em sua casa e, de acordo com a inscrição em seu túmulo, ela o recompensou revelando a ele a cultura do figo e, em particular, da figueira, que era considerada uma árvore sagrada, pois acreditava-se que ela havia sido plantada por Fítalo. Além disso, em uma ponte construída sob o rio Cefiso, no lado pelo qual Plutão desceu ao inferno com Perséfone, os observadores alegravam-se com os peregrinos. A cada sacrifício nos santuários, libações eram oferecidas, hinos eram cantados e danças sagradas eram realizadas. Passando a ponte, o povo entrava em Elêusis por um Portal Místico. Eles chegavam depois da meia-noite, quando, então, uma grande parte da jornada era realizada com o auxílio das luzes das tochas carregadas por todos os peregrinos. A jornada noturna era conhecida como "Noite das Tochas" por muitos escritores antigos. A resina da tocha era composta por substâncias que supostamente tinham a virtude de repelir os espíritos maus. As montanhas da Passagem de Dafne e a superfície do mar ressoavam com o canto: "Iaco, Oh Iaco!" Em uma das paradas os crocovianos, descendentes do herói Crócon, que havia reinado na Planície de Trias, amarravam um ramo de açafrão no braço direito e no pé esquerdo de cada participante da procissão. Iaco sempre foi considerado o filho de Deméter, da mesma forma que a videira cresce fora da terra. Vários símbolos eram carregados pelo povo e variavam de trinta a quarenta mil. Esses símbolos consistiam em leques – os "Leques Místicos de Iaco", junco dobrado e cestos, todos relacionados com a adoração da deusa e seu filho. O leque era o instrumento que separava o trigo dos resíduos do cereal e era considerado também como um emblema do poder que separa os virtuosos dos perversos. Nas pinturas antigas de Bellori, duas personagens são representadas ao lado dos iniciados. Uma é o sacerdote que está realizando a cerimônia, representado por uma postura devota usando um véu, o antigo sinal de devoção, enquanto que outra está segurando um leque sob a cabeça do candidato. Em algumas das edições da tradução de Soutley de *Eneida*, o seguinte texto aparece:

Agora aprenda com que braços habilidosos os camponeses semearam o sulco do arado, e cobriram o campo: A faca e a forte trave deformada do arado, a carroça Que vagarosamente gira sob Ceres até seu templo: Saudações, trenós, vimeiros e roubo de carga, os obstáculos, e o leque místico de Deus.

A distância percorrida pela procissão era de vinte quilômetros, mas Licurgo ordenou que se qualquer mulher fosse de carruagem para Elêusis, ela deveria ser multada com o valor de 8.000 dracmas. Isto evitava que as mulheres ricas se distinguissem de suas irmãs pobres. Curioso é o relato que conta que a esposa de Licurgo foi a primeira a quebrar esta lei, e o próprio Licurgo teve de pagar a multa que ele havia ordenado. Ele não somente pagou a multa, como também presenteou o informante com um dote. Imediatamente depois de depositar os objetos sagrados no pé de Acrópoles, um dos sacerdotes eleusinos solenemente anunciava sua chegada aos sacerdotes da deusa tutelar de Atenas, Pallas. Plutarco, comentando sobre dias de sorte e dias de azar, diz que ele tem consciência de que as coisas azarentas acontecem por vezes em dias bem afortunados, pois os atenienses tinham de receber uma guarnição militar da Macedônia "mesmo no décimo segundo dia do Boedromion, o dia em que eles celebravam o Iaco místico".

Sétimo Dia – No sétimo dia, a estátua era levada de volta para Atenas. A jornada de retorno também constituía uma procissão solene, repleta de inúmeras cerimônias. Outras paradas eram feitas em diversos lugares, como as "estações" das peregrinações católicas, quando os habitantes também participavam da procissão. Para aqueles que permaneciam em Elêusis, o tempo era dedicado aos esportes: os combatentes apareciam nus, e os vitoriosos eram recompensados com uma medida de cevada, sendo a tradição que o primeiro grão fosse plantado em Elêusis. Também era um dia considerado como uma preparação solene por aqueles que seriam iniciados na noite seguinte. A jornada de retorno era conduzida com o mesmo esplendor que a jornada de ida. Ela compreendia incidentes cômicos, os mesmos do dia anterior. Aqueles que esperavam a procissão na ponte sob o rio ateniense Cefiso trocavam todos os tipos de zombarias e bufonarias com aqueles que estavam na procissão, tomando parte no que era conhecido como "Tolices da Ponte". Essas pilhérias tinham a intenção de lembrar as medidas discretas empregadas por uma serva chamada Iambe para tirar Deméter do seu sofrimento prolongado. Há uma estranha contradição em diversas afirmações por parte dos autores antigos em relação ao que era permitido e ao que era proibido durante as cerimônias. Deméter, quando estava em busca de sua filha, chegou fatigada a Elêusis, onde ela se sentou em um poço, subjugada com o fracasso. Era estritamente proibido a qualquer um dos iniciados sentar nesse poço, a não ser que eles estivessem imitando a deusa que chorava. Ainda assim, a imitação dos gestos de Iambe era parte do cerimonial dos Mistérios. De acordo com os escritores antigos, os assim chamados "gestos" seriam atualmente considerados de mau gosto.

Tendo assim falado, ela deixou de lado suas vestes
E mostrou toda a forma de seu corpo que é impróprio
nomear – o crescimento da puberdade.

> E com sua própria mão, Iambe despiu-se sob os
> seios.
> Suavemente então a deusa riu e riu em sua mente,
> E recebeu a taça oblíqua da qual ela era um gole.

Durante a guerra do Peloponeso, os atenienses não conseguiam obter uma trégua dos lacedemônios que haviam tomado Decélia, e foi necessário enviar a estátua de Iaco com os participantes da procissão para Elêusis pelo mar. Plutarco diz: "Sob estas circunstâncias, era necessário omitir os sacrifícios normalmente oferecidos no caminho durante a passagem de Iaco".

Oitavo Dia – O oitavo dia era chamado de Epidaurion, porque aconteceu quando Esculápio, vindo de Epidauro para Atenas, desejou ser iniciado, e assim os Mistérios Menores foram repetidos com esse propósito. Desta forma, tornou-se costume celebrar os Mistérios Menores uma segunda vez nesse dia, admitindo para a iniciação todos os candidatos aprovados que ainda não houvessem desfrutado de tal prazer. Havia também outra razão para a repetição dos ritos iniciáticos. O oitavo dia era considerado como um símbolo da alma caindo na órbita lunar e a repetição da iniciação, a segunda celebração do rito sagrado, era símbolo da alma dizendo adeus a todos os elementos de natureza celeste, caindo em um perfeito esquecimento de sua origem divina e felicidade prístina, precipitando-se profundamente na região das desigualdades, ignorância e erro. O dia iniciava com um sacrifício solene oferecido a Deméter e Perséfone. A maior precisão tinha de ser observada no oferecimento dos sacrifícios quanto à idade, cor e sexo das vítimas. A mesma precisão era aplicada aos cantos, perfumes e libações. A aceitação ou rejeição de um sacrifício era indicada pelos movimentos do animal enquanto ele se aproximava do altar, pela vivacidade da chama, a direção da fumaça e assim por diante. Se esses sinais não fossem favoráveis no caso da primeira vítima oferecida, outros animais deveriam ser mortos até que um deles se apresentasse de forma que todos os sinais fossem favoráveis. A carne do animal oferecido não poderia ser consumida fora dos recintos sagrados. Acredita-se que o seguinte texto foi uma Invocação usada durante a celebração dos Mistérios:

Filha de Júpiter, divina Perséfone,
Vem, abençoada rainha, e para estes ritos te reclines;
Única geração da honrada esposa de Plutão,
Oh, venerada deusa, fonte da vida:
Tu nas profundezas da terra para morar,
Aprisionada pelos grandes e funestos portões do inferno.
Oferenda sagrada de Júpiter, de uma aparência linda,
Deusa vingativa, rainha subterrânea.
A fonte das Fúrias, de belos cabelos, cujo caimento vem
Das sementes secretas e inefáveis de Júpiter.
Mãe de Baco, sonora, divina
E criadora, parente da vinha.
Cúmplice das Estações, brilho essencial,
Virgem governante de tudo que há, carregando luz celestial.
Com frutas abundantes e um pródigo espírito,
Desejada por aqueles do tipo mortal.

Oh rainha primaveril, que planícies relvadas aprecias,
Doce ao olfato e agradável à visão:
Aquelas formas sagradas em brotos de frutas vemos,
A descendência da terra vigorosa de várias tonalidades:
Desposada no outono, vida e morte apenas
Para mortais desgraçados teu poder é conhecido:
Para ti a tarefa, de acordo com tua vontade,
Vida para produzir, e tudo o que vive para matar.
Ouve, Deusa abençoada, envia uma fecunda safra
Dos diversos frutos da terra, com Paz adorável;
Envia Saúde com mãos gentis, e coroa minha vida
Com abundância abençoada, livre da agitação ruidosa;
Finalmente em extrema idade avançada, a prece pela morte,
Liberta-me dos reinos infernais,
Para teu belo palácio e as planícies jubilosas
Onde espíritos felizes fazem morada, e Plutão reina.

Nono Dia – O nono dia era conhecido como o Dia dos Jarros de Barro, porque era o costume nesse dia encher os jarros com vinho. Um deles era colocado em direção ao nascente e outro em direção ao poente, e após a repetição de certas fórmulas místicas, ambos eram jogados, e o vinho escorria no chão como uma forma de libação. A primeira dessas fórmulas era dirigida para os céus como uma prece por chuva e a segunda para a terra como uma prece por fertilidade.

Acredita-se que as palavras usadas pelo sacerdote para denotar o término da celebração dos Mistérios – *Conx Om Paz*: "Observe e não faça mal" – sejam de origem egípcia, onde os mesmos sacerdotes as usavam ao término dos Mistérios de Ísis. Este fato é por vezes usado como um argumento em favor da origem egípcia dos Mistérios de Elêusis.

Décimo Dia – No décimo dia, a maioria dos indivíduos retornava para suas casas, com exceção de todo o terceiro e quinto anos, quando eles permaneciam para as Dramatizações dos Mistérios e Jogos, que duravam de dois a três dias.

Os Jogos Eleusinos são descritos pelo retórico Aristides como os jogos mais antigos da Grécia. Supostamente, eles foram instituídos como uma oferta de agradecimento para Deméter e Perséfone na conclusão da colheita de milho. De acordo com uma inscrição datada da última parte do século III a.c., sacrifícios eram oferecidos para Deméter e Perséfone nos jogos. Eles incluíam concursos atléticos e musicais, uma corrida de cavalos e uma competição que tinha o nome de Concurso Hereditário ou Ancestral. A natureza desse concurso não é conhecida, mas considera-se que sua origem está em um concurso entre os segadores da planície sagrada de Raria para observar qual completaria a tarefa designada em primeiro lugar.

O santuário antigo no qual os Mistérios eram celebrados foi queimado pelos persas em 480 ou 479 a.C. e um novo santuário foi construído, ou, pelo menos, iniciado, sob a administração de Péricles. Plutarco diz que Corebo iniciou o Templo de Iniciação em Elêusis, mas somente viveu para terminar a fileira inferior de colunas com suas arquitraves; Metagenes, da província de Xypete, acrescentou o restante do entablamento e a fileira superior das colunas, e Xênocles de Colargo construiu a abóbada. A longa muralha, construção da qual Sócrates diz ter ouvido Péricles ter proposto ao povo, foi realizada por Calícrates. Cratino satirizou o trabalho, como as linhas que seguem mostram:

Pedra sobre pedra o orador empilhou
Com palavras inchadas, mas as palavras
não construirão as muralhas.

De acordo com alguns escritores, o templo foi projetado por Ictinos, o arquiteto do Partenon, e Péricles era meramente o administrador da construção. Vitruvio conta-nos que o Templo de Elêusis era constituído por uma célula de vasta magnitude, sem colunas, embora seja provável que ele tenha sido projetado para ser cercado da forma costumeira. No entanto, somente um próstilo foi acrescentado no tempo de Demétrio Falereu, tempos depois da estrutura original ter sido construída. É provável que a magnitude incomum da construção, acrescentada devido aos vários e complexos ritos de iniciação dos Mistérios de Elêusis, do qual ele era o cenário, tenha impedido que ele fosse um peristilo, cuja construção teria sido caríssima. O templo era um dos maiores edifícios sagrados da Grécia. Tinha um comprimento de 68 metros, uma largura de 54,66 metros e sua área superficial era de 3.716,88 metros quadrados. O altar monumental de sacrifício era posicionado em frente à fachada, próximo do ângulo da área delimitada. De acordo com Virgílio, as palavras "Permaneçam distante, Oh, permaneçam distante, olhos profanos" estavam inscritas no portal principal.

No século IV da era cristã, o Templo de Elêusis foi destruído pelos godos, como resultado da instigação dos monges, que seguiam as tropas de Alarico.

As receitas das celebrações devem ser consideradas. Tanto nos Mistérios Menores quanto nos Mistérios Maiores, uma taxa de um óbolo por dia era cobrada de cada um dos participantes, soma esta que era dada ao sacerdote. A sacerdotisa recebia meio óbolo por dia e os outros assistentes, uma soma similar. Em cunhagem atual, um óbolo tinha o valor correspondente à 1/6 do dracma.

Capítulo 4

Os Ritos Iniciáticos

Dois fatos importantes devem ser estabelecidos em relação aos Mistérios: em primeiro lugar está o costume geral dos cidadãos atenienses, posteriormente de todos os gregos e, eventualmente, de muitos estrangeiros, de procurar a admissão nos Mistérios de Elêusis da única maneira possível, a saber, pela iniciação. Em segundo lugar, o cuidado meticuloso exercido pela família sacerdotal dos Eumólpidas, que assegurava que somente os indivíduos qualificados, irrepreensíveis ou ao menos prudentes passassem pelos portais. No início dos Mistérios, era uma condição necessária que os candidatos à iniciação fossem atenienses livres, mas, com o passar do tempo, esta regra foi relaxada, até que eventualmente estrangeiros (como eram chamados os residentes fora de Atenas), escravos e até mesmo cortesãs eram introduzidos por um mistagogo, que era, naturalmente, um ateniense. Uma inscrição interessante foi encontrada poucos anos atrás, demonstrando o fato de que a população escrava da cidade era iniciada às custas da despesa pública. Por meio de registros históricos, descobrimos que Lísias possibilitou a iniciação de sua amante Metanira, que estava então a serviço da cortesã Nicareta. No entanto, sempre prevaleceu a regra que impedia de ser admitido aquele que era culpado de assassinato ou homicídio, deliberado ou acidental, ou aquele que houvesse sido acusado de bruxaria, além de serem excluídos todos aqueles que houvessem incorrido na pena capital por conspiração ou traição. Nero buscou admissão nos Mistérios de Elêusis, mas foi rejeitado devido aos muitos massacres relacionados com seu nome. No momento em que Antônio se purificava diante do mundo pela morte de Avídio Cássio, eleito para ser iniciado nos Mistérios de Elêusis, foi reconhecido que nenhum indivíduo culpado de imoralidade atroz ou crime seria admitido nos Mistérios.

Apolônio de Tiana desejava ser admitido nos Mistérios, mas o sacerdote o recusou porque ele era um mago e praticava a comunicação com divindades que não aquelas dos Mistérios, declarando que ele nunca iniciaria um bruxo e jamais revelaria os Mistérios para um homem viciado em ritos impuros. Apolônio retorquiu: "Tu ainda não mencionaste a principal das minhas ofensas, que é saber mais sobre os ritos iniciáticos do que tu, conforme eu sei. Eu vim a ti como se fosses mais sábio do que eu sou". O sacerdote, ao perceber que a exclusão de Apolônio não seria um ato apoiado pelo povo, modulou seu tom e disse: "Que tu sejas iniciado, pois tu pareces ser o homem mais sábio que veio até mim". Mas Apolônio respondeu: "Eu serei iniciado no momento oportuno, e será (menção de um nome) quem irá me iniciar". Em seguida, diz Filostrato, ele demonstrou seu dom da previsão, pois olhou para aquele que sucederia o sacerdote com quem ele havia conversado e que realmente presidiu o templo quatro anos depois, quando Apolônio foi efetivamente iniciado.

Indivíduos de ambos os sexos e de todas as idades eram iniciados, e a negligência em relação à cerimônia passou a ser considerada quase que como um crime. Sócrates e Demonax foram reprovados e censurados sob suspeita porque eles não quiseram se iniciar. Os persas eram prontamente excluídos da cerimônia. Aos atenienses de ambos os sexos era garantido o privilégio da iniciação durante a infância com a apresentação do pai, mas somente o primeiro grau de iniciação era permitido. Para o segundo e terceiro graus era necessário esperar pela adolescência. Os gregos consideravam a iniciação da mesma forma que a maioria dos cristãos considera o batismo. Tão grande era a precipitação dos candidatos para a iniciação quando as restrições foram relaxadas, que Cícero escreveu que os habitantes das regiões mais distantes concentraram-se em Elêusis para as cerimônias. Assim se tornou o costume com todos os romanos, que viajavam para Atenas para aproveitar a oportunidade da iniciação. Até mesmo os Imperadores de Roma, os oficiais da religião romana, os mestres do mundo, vinham até os Eumólpidas proferindo o pedido para receber a honra da iniciação e assim se tornarem participantes nos Mistérios Sagrados revelados pela deusa.

Augusto, que foi iniciado no ano 21 a.C., não hesitava em demonstrar sua antipatia em relação à religião dos egípcios, em relação ao judaísmo e ao druidismo.

Contudo, ele sempre foi escrupuloso em observar o voto de segredo exigido nos Mistérios de Elêusis, e em certa ocasião, quando alguns dos sacerdotes do templo eleusino tiveram de se dirigir a Roma para se defenderem perante um tribunal sobre a questão do privilégio, durante o curso das evidências, no momento em que foi necessário relatar um certo cerimonial relacionado com os Mistérios que exigia sigilo, Augusto ordenou que todos que não haviam recebido o privilégio da iniciação deixassem o tribunal. Dessa forma, ele e as testemunhas permaneceram a sós. Os Mistérios de Elêusis não eram considerados inimigos do bem-estar do Império Romano como eram consideradas as religiões dos egípcios, dos muçulmanos e dos antigos bretões.

Cláudio, outro iniciado imperial, concebeu a ideia de transferir o cenário dos Mistérios para Roma e, de acordo com Suetônio, ele estava prestes a colocar o projeto em execução, quando um decreto ordenou ser obrigatório que a principal representação cênica dos Mistérios fosse celebrada no chão pisado pelos pés de Deméter, onde a deusa havia ordenado que seu templo deveria ser construído.

A iniciação do Imperador Adriano (que foi bem-sucedido no que Cláudio havia falhado, ou seja, na instituição da celebração dos Mistérios em Roma) aconteceu em 125 d.C., quando ele foi apresentado aos Mistérios Menores na primavera e aos Mistérios Maiores no outono seguinte. Em setembro do ano 129 d.C., ele estava novamente em Atenas, quando se apresentou para o terceiro grau, de acordo com Dion Cássio. Este evento foi confirmado por uma carta escrita pelo próprio Imperador, na qual ele menciona uma jornada de Elêusis até Éfeso realizada por ele naquela época. Adriano é o único imperador iniciado, até onde sabemos, que persistiu e passou por todos os três graus. Visto que ele permaneceu em Elêusis tanto quanto foi possível depois de completar sua iniciação, não seria precipitado supor que ele foi inspirado por algo maior do que a curiosidade ou até mesmo por um desejo de demonstrar respeito.

O fato de o Imperador Antônio ter sido iniciado é incerto, apesar de uma inscrição indicar que ele deveria ser incluído na lista dos imperadores iniciados. Tanto Marco Aurélio quanto Cômodo, pai e filho, foram iniciados ao mesmo tempo, nos Mistérios Menores, em março do ano 176 d.C., e nos Mistérios Maiores no mês de setembro seguinte. Séptimo Severo foi iniciado antes de assumir o trono.

Havia, conforme afirmado, três graus, e o procedimento de ordenação com relação à iniciação acontecia como segue:

No mês das Antesterias, o mês das flores da primavera, correspondente a fevereiro e março, um candidato poderia, no caso de ser aprovado, tornar-se um iniciado no primeiro grau na celebração dos Mistérios Menores e tomar parte em sua celebração em Agra, próximo de Atenas. A cerimônia de iniciação para este primeiro grau era de uma escala bem menos majestosa do que a cerimônia de iniciação para o segundo e terceiro graus nos Mistérios Maiores. Contudo, o candidato deveria se manter casto e puro por nove dias antes da cerimônia, para a qual todos se apresentavam usando coroas e grinaldas de flores e observavam oferecendo preces e sacrifícios. Imediatamente antes da celebração, os candidatos para a iniciação eram preparados pelos mistagogos, os professores especiais escolhidos para este propósito nas famílias sacerdotais dos Eumólpidas e dos Cérices. Eles eram instruídos sobre a história de Deméter e Perséfone, a respeito do necessário atributo da purificação e outros ritos preliminares, sobre os dias de jejum, com as especificidades dos alimentos permitidos e proibidos para serem comidos e os diversos sacrifícios a serem oferecidos por eles e para eles sob a orientação dos mistagogos.

Sem essa preparação, ninguém poderia ser admitido nos Mistérios. Porém, não havia nem doutrina secreta nem ensinamento dogmático nesta instrução preliminar. A revelação vinha por meio da contemplação dos objetos sagrados mostrados pelo sacerdote durante as cerimônias, cujo significado era comunicado por intermédio da fórmula mística. Contudo, a preparação exigia dos iniciados o sigilo imposto, e as cerimônias que os iniciados presenciavam, cerimônias estas realizadas no silêncio da noite, criavam uma forte impressão e uma esperança vigorosa em relação à vida futura. Nenhum outro culto na Grécia, muito menos a fria religião romana, possuía algo do gênero, ou mesmo alguma característica que se aproximasse dessa, para oferecer. Respeitar o jejum dos alimentos e da bebida por um certo período antes e depois da iniciação era essencial, mas os candidatos não atribuíam a este ato qualquer ideia de maceração ou expiação de pecados: era simplesmente a reprodução de um evento na vida da deusa e era experimentado para que o corpo pudesse se tornar puro. Cálices ou vasos contendo água sagrada ou água benta eram colocados na entrada do templo com o propósito de evitar a difamação. Em casos especiais de impureza, uma preparação extra tornava-se necessária, e unções de óleo ou repetidas imersões na água eram administradas. A pureza física externa, resultado da imersão anterior à iniciação, era o símbolo da pureza interior que supostamente resultaria da iniciação. Um dos deveres dos mistagogos era assegurar que o candidato estivesse em um estado de limpeza física tanto antes quanto durante a cerimônia. De acordo com as inscrições que têm sido descobertas lá, existiam templos ou construções separados para a limpeza dos candidatos, destinada às impurezas específicas. A iniciação nos Mistérios Menores permitia que o neófito fosse somente até o vestíbulo exterior do templo.

No outono seguinte, se ele tivesse chegado à adolescência e se fosse aprovado pelo sacerdote, poderia ser iniciado nos Mistérios Maiores, no segundo grau, de Mysta. Isto, no entanto, não assegurava a admissão em todas as cerimônias realizadas durante a celebração dos Grandes Mistérios. Pelo menos um ano precisaria transcorrer antes do terceiro grau, o grau de Epopta, antes que ele pudesse ver com seus próprios olhos e ouvir com seus próprios ouvidos tudo o que acontecia no templo durante a celebração dos Mistérios. Mesmo então, havia uma parte do templo e uma parte da cerimônia que poderiam ser testemunhadas somente pelo sacerdote e pela sacerdotisa.

De acordo com Plutarco, quando Demétrio estava retornando a Atenas, ele escreveu para a república dizendo que, no momento de sua chegada, tinha intenção de ser iniciado e ser admitido imediatamente, não somente para os Mistérios Menores, como também para os Mistérios Maiores. Isto não era permitido, constituindo uma ocorrência sem precedentes. Pitodoro, um carregador de tochas, foi o único indivíduo que se aventurou a uma oposição a esta exigência, e sua oposição foi inteiramente inútil. Estrátocles obteve um édito segundo o qual o mês de Muníquia deveria ser chamado de Antesterias, para dar a Demétrio a oportunidade da iniciação no primeiro grau. Isto foi feito, e, portanto, um segundo édito foi publicado, estabelecendo que Muníquia fosse novamente transformado em Boedromias. Assim, Demétrio foi admitido nos Mistérios do grau seguinte. O poeta Filipides satirizou Estrátocles com as seguintes palavras: "O homem que pode contrair todo um ano em um mês". Satirizou Demétrio, fazendo referência à sua moradia no Paternon, dizendo: "O homem que transforma o templo em pousada e traz prostitutas para a companhia da deusa virgem".

O objetivo da iniciação, de acordo com Platão, era restaurar a alma ao estado do qual ela se desligou, e Procles afirma que a iniciação nos Mistérios afastava a alma do homem de uma vida material, sensual e meramente humana e a unia em comunhão com os deuses. Eurípides escreveu: "Feliz é o homem que foi iniciado nos Mistérios Maiores e leva uma vida de devoção e religião", e Aristófanes representou verdadeiramente a opinião pública quando escreveu em *Os Sapos*: "Somente a nós o sol dispensa suas bênçãos; somente nós recebemos bênçãos de seus raios; nós, que somos iniciados e realizamos todos os atos de piedade e justiça para os cidadãos e para os estrangeiros".

Os iniciados procuravam imitar o nascimento alegórico do deus. O iniciado supostamente deveria ter experienciado uma certa regeneração e deveria entrar em um novo estado de existência, considerando-se que ele adquiria um estado superior de luz e conhecimento. Até então, ele tinha sido exotérico e profano; agora ele se tornaria esotérico e sagrado.

Jevons, em sua obra *Introdução ao Estudo da Religião*, diz que nenhum juramento era exigido dos iniciados, mas o silêncio era observado geralmente como um ato de reverência em vez de ocultação proposital. No entanto, parece haver evidência conclusiva de que um juramento de sigilo fosse exigido dos candidatos à iniciação para o segundo e terceiro graus, se não no primeiro grau. Além disso, há registros de diversas acusações contra cidadãos que teriam quebrado a promessa de sigilo. Ésquilo foi acusado por ter revelado no teatro certos detalhes dos Mistérios e somente escapou da punição depois de ter provado que ele nunca havia sido iniciado e, assim, não poderia ter violado qualquer obrigação. Um escolástico grego diz que em cinco de suas tragédias Ésquilo falou de Deméter e, consequentemente, poderia supor-se que ele se referiu a assuntos relacionados com os Mistérios. Heráclides de Ponto diz que, devido a isso, ele correria perigo de ser morto pelo povo se não tivesse se refugiado no altar de Dioniso e se não fosse pela intervenção dos aeropagitas, que o inocentou por conta de seus feitos em Maratona. Uma acusação foi feita contra Aristóteles de ter realizado um sacrifício funéreo em honra de sua esposa, imitando as cerimônias eleusinas. Alcibíades foi acusado de imitar os Mistérios sagrados em uma de suas revelações ébrias, quando ele representou o sacerdote; Teodoro, um dos seus amigos, representou o arauto, e outro, Polytion, representou o carregador de tochas; outros acompanhantes que estavam presentes representavam os iniciados e eram assim chamados: *mystæ*. A informação contra ele dizia:

"Téssalo, filho de Cimon, da província de Lácia, acusou Alcibíades, o filho de Clínias, da província de Escambonide, de ter, por meio de sacrilégio, ofendido a deusa Ceres e sua filha, Perséfone, falsificando seus Mistérios e os revelando para suas companhias em sua casa, vestindo um manto como os sacerdotes fazem ao mostrarem os objetos sagrados. Ele se autodenominou sacerdote, e Teodoro, da província de Fégeo, o arauto. Suas outras companhias eram chamadas de iniciados e Irmãos do Secreto; agindo assim contra as regras e cerimônias estabelecidas pelos Eumólpidas, pelos Arautos e pelos Sacerdotes de Elêusis".

Alcibíades não respondeu à acusação e foi condenado em sua ausência, e uma ordem foi dada para que seus bens fossem confiscados. Este evento ocorreu em 415 a.C., e o incidente criou pânico, pois muitos cidadãos proeminentes, incluindo Andócides, foram implicados. O acusador de Andócides disse: "Este homem vestido com os mesmos mantos que o sacerdote mostrou os objetos sagrados para homens que não eram iniciados e proferiu palavras que não poderiam ser repetidas". Andócides admitiu a acusação, mas se tornou uma testemunha do Estado e indicou outros nomes como culpados. Ele foi recompensado com o perdão livre sob um decreto que Isotmides havia editado, mas aqueles indivíduos que foram acusados por ele ou foram mortos ou foram declarados foras-da-lei, e seus bens foram confiscados. Posteriormente, Andócides entrou no templo enquanto os Mistérios estavam em progresso e foi acusado por ter quebrado a lei. Ele se defendeu diante de uma corte judicial e todos os seus membros haviam sido iniciados nos Mistérios. O presidente da corte era o Arconte Basílio. A acusação foi apresentada por Cefiso, o promotor público chefe, e pelo Arconte Basílio, durante a celebração dos Mistérios Maiores, enquanto Andócides ainda estava em Elêusis. Andócides foi absolvido e acredita-se que Cefiso falhou em obter um quinto dos votos da corte. De acordo com a lei, como resultado, ele teve de pagar uma multa de mil dracmas e sofreu exclusão permanente do santuário de Elêusis. Diágiras foi acusado de injúrias contra a santidade dos Mistérios de Elêusis de tal forma a deter indivíduos que desejavam ser iniciados, e uma recompensa de um dote foi oferecida para aquele que o trouxesse vivo. O dote grego era avaliado em cerca de 200 libras.

Um tema antigo de composição do discurso, encontrado inclusive no século VI da era cristã, dizia: "A lei pune com a morte aquele que revelar os Mistérios: aquele para quem a iniciação fora revelada em sonhos pergunta àquele que foi iniciado se o que ele vislumbrou em sonho corresponde à realidade: o iniciado aquiesce com um aceno de cabeça, e por isso ele é acusado de desobediência".

Contudo, todo o cuidado era tomado para evitar que o segredo dos Mistérios fosse revelado e para que o cerimonial não se tornasse conhecido para qualquer um que não fosse iniciado. No entanto, os detalhes foram descobertos de várias formas, mas principalmente devido às inscrições e escritos antigos. Passo a passo, aos poucos, o pesquisador meticuloso tem sido recompensado com a descoberta de fragmentos desconexos e isolados que, por si só, não fornecem informações precisas, mas que, se analisados em conjunto, formam um perfeito mosaico. Embora fosse estritamente proibido revelar o que acontecia dentro da área sagrada e no Vestíbulo de Iniciação, é admissível afirmar claramente o objetivo principal da iniciação e as vantagens que advinham do ato. A quebra da obrigação do sigilo por parte de um iniciado era punida com castigos severos, até mesmo capitais, e a invasão da área delimitada do templo por um indivíduo que não fora iniciado, como por vezes acontecia, constituía uma ofensa de caráter igualmente injusto e atroz. De acordo com as leis orais e costumes que datam dos períodos mais remotos, a pena de morte era frequentemente declarada por faltas que não eram graves por si, embora a invasão do templo constituísse um crime grave, mas porque elas diziam respeito à religião. Provavelmente seria devido às características dessas leis orais que os sacerdotes ordenaram a morte de dois jovens moradores da Arcádia que penetraram, por ignorância, nos recintos sagrados. Inadvertidamente, eles se misturaram com a multidão na época dos Mistérios e entraram no templo. Sua ignorância em relação aos procedimentos os traiu e sua intrusão foi punida com a morte. Este fato ocorreu no ano de 200 a.C. Roma então declarou guerra contra Filipe V da Macedônia em razão da queixa do governo de Atenas contra o rei que desejava puni-los por terem rigorosamente aplicado as leis antigas naqueles dois ofensores, que eram culpados de entrar no santuário de Elêusis sem terem sido previamente iniciados. Nenhuma pena judicial foi aplicada ao eunuco epicurista fanático que, objetivando provar que os deuses não existiam, entrou naquela parte do santuário onde somente o sacerdote tem o direito de entrar, proferindo blasfêmias. Eliano afirma que um castigo divino na forma de uma doença o acometeu. Horácio declara que ele não arriscaria sua vida indo para o mar com uma companhia que tivesse revelado os segredos dos Mistérios. Nos dois dias que antecediam a iniciação no segundo e terceiro graus, os candidatos eram submetidos a um retiro solitário e observavam um jejum severo. Era um "isolamento" no verdadeiro sentido da palavra. O jejum era praticado, não somente em imitação dos sofrimentos de Deméter durante a sua busca por Perséfone, mas devido ao perigo do contato dos elementos sagrados com o profano, do puro com o impuro. Esta também é uma das razões por que era considerado desobediência até mesmo falar dos Mistérios para qualquer indivíduo que não houvesse sido iniciado e especialmente perigoso permitir que tais indivíduos profanos e impuros tomassem parte, mesmo que fosse como expectadores, nas cerimônias. Assim, a punição administrada pelo Estado esperava evitar a ira divina que tal população poderia trazer sob toda a comunidade.

Na estrada do templo, listas contendo os alimentos proibidos eram afixadas. As listas incluíam diversos tipos de peixes – a corvina, cabrinha, caranguejo e tainha. A corvina também é conhecida como *Sciæna aquila*, um peixe mediterrâneo que faz um ruído embaixo da água similar a um zunido, ou um ronronar, e o órgão responsável pelo ruído é sua bexiga. O peixe era grandemente estimado pelos romanos. Há um grande *Sciæna*, porém, não *aquila*, na Galeria dos Peixes no Museu Britânico (História Natural), oposto à entrada da Biblioteca Zoológica. A corvina e o caranguejo eram considerados impuros, pois eles colocam os ovos na boca e se alimentam de detritos que os outros peixes rejeitam. O peixe chamado cabrinha era rejeitado devido à sua fecundidade, que era constituída de uma tripla desova anual, mas ainda, de acordo com alguns escritores, porque ele se alimentava de um peixe que era venenoso para os humanos.

É possível que outros peixes fossem proibidos, mas Porfírio provavelmente estava exagerando quando disse que todos os peixes o eram. Pássaros criados em casa, como frangos e pombas, também estavam na lista proibida, assim como feijão e certos vegetais cujo consumo era vedado por razões místicas. Pausânias diz que não ousaria revelar tais razões a não ser para os iniciados. A razão provável para essa proibição é que os alimentos estariam relacionados de alguma forma com as andanças de Deméter. Os grãos de romã eram, naturalmente, proibidos, devido ao incidente relacionado a Perséfone.

Os candidatos eram cuidadosamente instruídos nessas regras antes do início da celebração. Originalmente, a instrução dos candidatos estava nas mãos do sacerdote que, seguindo o exemplo do seu ancestral, Eumolpo, reivindicou o privilégio da preparação dos candidatos, bem como o privilégio de comunicar a eles o conhecimento dos mistérios divinos. Mas o número continuamente crescente de candidatos tornou necessário o emprego de instrutores auxiliares, e este trabalho particular foi delegado aos mistagogos, que preparavam os candidatos individualmente ou em grupos. Ao sacerdote era reservada a orientação geral da instrução. No curso da cerimônia de iniciação, certas palavras tinham de ser proferidas aos candidatos.

Essa etapa era explicada a eles antecipadamente, embora fora do seu contexto.

A admissão no segundo grau acontecia durante a noite entre o sexto e o sétimo dias da celebração dos Mistérios. Os candidatos eram levados para dentro do templo com vendas nos olhos, e a cerimônia iniciada com preces e sacrifícios pelo segundo Arconte. Os candidatos eram coroados com grinaldas de murta e, na entrada do edifício, eles se purificavam de maneira formal mergulhando suas mãos na água benta. Sal, folhas de louro, cevada e coroas de flores eram também empregadas na purificação. Os sacerdotes, vestidos com seus paramentos apropriados, apresentavam-se para receber os aspirantes. Esta cerimônia inicial acontecia no vestíbulo externo do templo, que estaria fechado. O arauto então se apresentava e proferia a proclamação: "Fora, tu que és profano. Longe daqui, todos que não estão purificados e aquelas almas que não foram libertadas dos pecados". Nos anos posteriores, essas preces foram transformadas, e o arauto proclamava: "Se algum ateu, cristão ou epicurista estiver presente para espionar a cerimônia, permita que ele se retire imediatamente, mas permita que aqueles que acreditam permaneçam e sejam iniciados, com um futuro promissor". Esta era a oportunidade final para a saída daqueles que não eram devotos e que haviam tido a chance de entrar no recinto: se eles fossem descobertos posteriormente, seu castigo seria a morte. Para se certificar de que nenhum intruso permanecesse, todos que estavam presentes tinham de responder certas questoes específicas. Então, todos novamente tinham de mergulhar suas mãos em água benta e renovar sua promessa de sigilo. Os candidatos para a iniciação se despiam de suas roupas comuns e se vestiam com a pele de lebre. Isto feito, os sacerdotes desejavam que eles desfrutassem de toda a felicidade que a iniciação representava e deixavam os candidatos sozinhos. Depois de alguns minutos, o local onde eles se encontravam era totalmente escurecido. Lamentos e ruídos estranhos eram ouvidos; terríveis estrondos de trovões ressoavam, parecendo balançar as fundações do templo; nítidos clarões de relâmpagos iluminavam a escuridão, tornando-a mais terrível, enquanto uma luz mais persistente que se originava no fogo revelava formas assustadoras. Suspiros, gemidos e gritos de dor ressoavam por todos os lados, como os sons dos condenados em Tártaro. Os aprendizes eram tomados por mãos invisíveis, seus cabelos eram puxados, e eles eram espancados e jogados no chão. Então, uma luz suave tornava-se visível a distância e uma cena terrível aparecia diante dos seus olhos. Os portões de Tártaro eram abertos e a morada dos condenados era apresentada. Eles podiam ouvir os gritos de angústia e arrependimento inúteis daqueles para quem o Paraíso estava perdido para sempre. Além disso, eles podiam testemunhar seu remorso desesperançado: eles viam e ouviam todas as torturas dos condenados. As Fúrias, armadas com implacáveis flagelos e tochas flamejantes, empurravam as vítimas incessantemente para a frente e para trás, jamais as deixando descansar por um momento. Enquanto isso, a voz do sacerdote, que representava o juiz da terra, podia ser ouvida explicando o significado da cena que transcorria na frente dos seus olhos, que avisava e ameaçava os iniciados.

Pode ser imaginado que as cenas terríveis eram tão perturbadoras que, frequentemente, expressões de angústia apareciam na fronte dos novatos. Acredita-se que cães uivavam e até mesmo demônios apareciam para os iniciados antes da mudança da cena. Em sua obra *Comentário sobre Alcibíades*, Procles afirma: "No mais sagrado dos Mistérios, diante da presença de Deus, certos demônios terrestres se apresentam, evento que chama a atenção das vantagens imaculadas para a matéria". Finalmente, os portões de Tártaro eram fechados, a cena transformava-se repentinamente: o santuário interior do templo se abria diante dos iniciados em uma luz deslumbrante. No meio dessa luz, estava a estátua da deusa Deméter brilhantemente enfeitada, reluzente com pedras preciosas; músicas celestiais entravam em suas almas, um céu limpo abrigava-os; perfumes surgiam e, na distância, os espectadores privilegiados contemplavam campinas floridas, onde os abençoados dançavam e se distraíam com jogos inocentes e brincadeiras. Entre outros escritores, a cena foi descrita por Aristófanes em *Os Sapos*:

Héracles: A viagem é longa. Tu encontrarás um grande lago de profundeza abissal.

Dioniso: Então, como devo atravessá-lo?

Héracles: Em um pequeno barco: um velho declarará que o barco o transportará até a outra margem por uma taxa de dois óbolos.

Dioniso: Meu Deus! Como são poderosos estes dois óbolos através do mundo. Como eles conseguiram chegar aqui?

Héracles: Teseu trouxe-os. Depois disso, tu verás as serpentes e animais selvagens em um número incontável e de forma muito terrível. Então, um grande lamaçal e estrume abundante; e nisto tu verás repousando todos aqueles que ofenderam teus convidados e todos aqueles que bateram em tuas mães, ou golpearam a mandíbula de teus pais, ou que juraram e abriram mão do juramento. Em seguida, um sussurro de flautas deve ficar suspenso em volta de ti, e verás uma luz muito bela, assim como nesse mundo, e bosques de murta, e coros felizes de homens e mulheres, e uma salva de palmas ruidosa.

Dioniso: E quem serão esses indivíduos?

Héracles: Os iniciados.

É possível descrever certas cenas da iniciação, atividade esta que tem sido realizada por muitos escritores. Porém, um completo silêncio era exigido sobre os meios empregados para realizar o final, os ritos e as cerimônias nas quais os iniciados participavam, os emblemas que eram mostrados e as palavras proferidas. A menor violação desta regra tornava o ofensor suscetível à condenação mais terrível existente e ao castigo mais severo.

Durante a cerimônia, o sacerdote fazia aos candidatos uma série de perguntas, para as quais respostas escritas haviam sido preparadas e decoradas pelos candidatos. Os Mistérios sagrados que eram revelados constavam em um livro chamado *Petroma*, uma palavra derivada de *petra*, ou pedra. O livro era assim denominado porque os escritos eram mantidos entre duas pedras cimentadas que se encaixavam. Os habitantes de Fénea costumavam jurar por esse livro. A parte superior guardava uma máscara de Deméter usada pelo sacerdote durante a celebração dos Mistérios, ou durante parte do cerimonial. As vestes usadas pelos iniciados na cerimônia eram consideradas sagradas e similares a encantamentos e feitiços devido aos seus poderes de afastar os demônios. Consequentemente, elas jamais eram jogadas fora até que se tornassem rasgadas e esfarrapadas.

Mesmo assim, elas não eram jogadas fora; ao contrário, elas eram transformadas em faixas para as crianças ou consagradas para Deméter e Perséfone.

A admissão no terceiro grau acontecia durante a noite, entre o sétimo e o oitavo dias da celebração dos Mistérios Maiores. Este último grau, com exceção daqueles que viriam a ser os sacerdotes, era conhecido como o grau de Epopta. Não se sabe sobre o que consistia o cerimonial, salvo por um particular que será descrito. Hipólito é praticamente a única autoridade que registrou o evento principal do grau. Certas palavras e sinais que eram comunicados aos iniciados, se pronunciadas na hora de sua morte, supostamente garantiriam a eterna felicidade da alma.

A parte mais solene da cerimônia é aquela que tem sido descrita por alguns autores como o sagrado matrimônio entre Zeus e Deméter, embora alguns tenham se referido erroneamente ao evento como o casamento entre Plutão e Perséfone. Durante a celebração dos Mistérios, o sacerdote descia em uma caverna ou recesso profundo e, depois de lá permanecer por algum tempo, todos retornavam para a reunião, cercados por chamas, e o sacerdote, mostrando para a observação dos iniciados uma espiga de milho, exclamava com sua voz poderosa: "O Brimo divino deu à luz a criança sagrada Brimos: o forte gerou a força". Esta cena era dramática e simbólica, e não poderia haver nada material no evento. As tochas das pessoas eram extintas enquanto a multidão esperava com ansiedade o retorno do sacerdote e da sacerdotisa vindos do lugar sombrio para o qual eles haviam se retirado, pois eles acreditavam que sua própria salvação dependia dos resultados da reunião mística. As acusações contra os Mistérios de Elêusis como uma promoção do tumulto e da depravação durante a história da Grécia foram incitadas por aqueles que não tinham permissão para compartilhar de sua honra, ou aqueles que nutriam preconceitos contra os Mistérios na defesa de outras formas de religião. Na opinião da maioria dos escritores contemporâneos, essas acusações eram totalmente gratuitas. Eles sustentam a opinião de que os Mistérios de Elêusis produziam uma inviolabilidade de maneiras e o cultivo da virtude. Naturalmente, eles não poderiam transformar um homem em um indivíduo virtuoso contra a sua vontade. Diógenes, quando recebeu o pedido para que se iniciasse, respondeu que até mesmo um famoso ladrão havia conseguido a iniciação.

Hipólito diz: "Os atenienses, na iniciação de Elêusis, mostram à Epopta o mistério maior, mais admirável e mais perfeito, um grão de milho colhido no silêncio". A afirmação é tão clara que não deixa dúvidas sobre a questão; na verdade, isto nunca foi questionado. A apresentação da espiga de milho era considerada o momento mais importante dos Mistérios de Elêusis, ato que era reservado para o último grau. Esse evento tem sido amplamente analisado por muitos que não podem enxergar beleza nos sistemas religiosos pré-cristãos ou não-cristãos. Seus comentários são baseados somente na afirmação de Gregório Naziano, que defende uma posição solitária ao identificar lascívia no cerimonial Eleusino. Ele diz: "Não encontrarás em nossa religião uma Cora seduzida, uma Deméter vagante, um Celeu e um Triptólemo que surgem com serpentes; não encontrarás que Deméter é capaz de certos atos e que ela permite outros. Sinto-me realmente envergonhado por revelar as orgias noturnas das iniciações. Elêusis sabe tão bem quanto as testemunhas os segredos do espetáculo, que é com razão mantido em tão profunda medida".

Excluindo este tratamento isolado, os Mistérios de Elêusis não foram acusados de promover e encorajar a imoralidade, como muitos outros ritos antigos. Em seus registros dos feitos do falso profeta Alexandre, Luciano descreve como o impostor instituiu ritos que eram uma paródia daqueles celebrados em Elêusis, narrando os detalhes do disfarce. Entre as performances imitadas, não estavam presentes somente a epifania e o nascimento de um deus, como também o decreto de um casamento secreto. Todas as preliminares eram realizadas e Luciano diz que, a não ser pela abundância das tochas acesas, o casamento teria realmente sido consumado. A parte do sacerdote foi extraída do próprio falso profeta. Comparado com a imitação, fica evidente que, nos Mistérios genuínos, o sagrado casamento era simbolizado no silêncio, na escuridão, e em perfeita castidade, e que, imediatamente depois, o sacerdote surgia e, posicionando-se junto a uma chama da tocha, fazia o anúncio aos iniciados.

O nome Brimo, expressado por completo como *Obrimo*, parece ser uma variação do termo composto *Ob-Rimon*, "a deusa da serpente sublime".

*O nascimento de Brimo; os feitos poderosos
Dos anfitriões titânicos, a servidão
De Júpiter, e dos misteriosos ritos da montanha
De Cibele, quando com passos distraídos ela buscou
Através do vasto mundo a bela Perséfone;
Os trabalhos conhecidos de Hércules,
As orgias de Ideu; e a força gigantesca
Do terrível Coribantes, e as andanças
De Ceres, e os sofrimentos de Prosérpina;
Com isto eu canto os dons de Cabírides,
Os Mistérios de Baco, e o louvor
A Lemnos, Samotrácia e do eminente Cipro,
Bela Vênus de Adônis, e os ritos
Da terrível Praxítea de Ogígia;
Festival noturno de Minerva;
E a tristeza do Egito pela perda de Osíris.*

Hino de Orfeu

O Dr. Jevons sustenta a opinião de que essa espiga de milho era o totem de Elêusis, e esta visão foi adotada por M. Reinach, que diz: "Nós encontramos no texto um certo traço não somente do culto, mas da adoração e da exaltação (no significado cristão da palavra) da espiga de milho". Mas ele omite a citação dos textos nos quais se baseia para esta declaração. Seria interessante saber por que, dentre todas as plantas que morrem e renascem no decorrer de um ano, o trigo foi escolhido, por que a espiga de milho mais que o grão, por que deveria ser enfatizado que ele era colhido, por que razão o espetáculo era reservado para o epopta, e de que maneira isso assegurava para o indivíduo uma existência abençoada depois da morte. A demonstração pressupõe que os ritos precedentes estavam sendo conduzidos para essa exibição suprema.

Depois dessa demonstração, os iniciados partilham de cevada misturada com poejo, como uma solene forma de comunicação com Deméter. De acordo com Eustátio, a mistura era uma espécie de mingau grosso. Isto feito, cada um dos iniciados repetia depois do sacerdote as seguintes palavras: "Eu jejuei, eu bebi *cyceon*,[3] eu peguei a bebida e depois de tê la provado, eu a coloquei na taça. Novamente, eu a tirei da taça". Acredita-se que esta fórmula, apesar de sua brevidade, fosse a senha para o terceiro grau.

Justin Martyr apresenta-nos o juramento da iniciação conforme segue: "Então, que o céu me ajude, a obra de Deus que é superior e sábio: que a palavra do Pai me ajude, palavra que ele proferiu quando estabeleceu todo o Universo em sua sabedoria".

Com essa cerimônia, o terceiro grau estava terminado, salvo pelo fato de os iniciados serem colocados em assentos em redor dos quais os sacerdotes cercavam com danças místicas. O dia que sucedia a admissão no grau final era respeitado com um jejum rigoroso. No final, os iniciados bebiam o *cyceon* místico e comiam dos pães sagrados.

De acordo com Teodoro de Esmirna, a totalidade da iniciação consistia de cinco graus ou passos, que ele determinou conforme segue:

"Novamente, a filosofia pode ser chamada de iniciação nas cerimônias verdadeiramente sagradas e na tradição dos mistérios genuínos; pois há cinco partes da iniciação: a primeira parte é a purgação prévia, pois os

---

3. Cyceon – bebida feita de aveia, queijo de cabra ralado e vinho.

Mistérios não são comunicados a todos aqueles que desejam conhecê-los. Há certos indivíduos que são impedidos pela voz do arauto, assim como aqueles que possuem mãos impuras e uma voz inarticulada, visto que é necessário para que eles não sejam expulsos dos Mistérios a purificação; mas depois da purgação, a tradição dos ritos sagrados se sucede. A terceira parte é denominada inspeção; a quarta parte, que é o final e o plano de inspeção, é a fixação da coroa, para que o iniciado possa assim comunicar aos outros os ritos sagrados nos quais ele foi instruído. Depois disso, ele se torna um portador de tochas ou um intérprete dos Mistérios ou ainda alguma parte do ofício sacerdotal. Mas a quinta parte, resultado de todas estas, é o relacionamento com a divindade e o deleite da felicidade que surge da comunicação íntima com os deuses. De acordo com Platão, a purificação deve ser derivada de cinco disciplinas matemáticas, a saber: aritmética, a geometria, a estereometria, a música e a astronomia".

Apuleio é representado dizendo a si mesmo: "Eu me aproximo dos confins da morte e, tendo cruzado a soleira da porta de Prosérpina, retornei, renascido através de todos os elementos. Contemplei o sol brilhando no silêncio da noite com esplendor luminoso: presenciei os deuses infernais e celestiais. Eu me aproximei e os adorei".

Temístio representa a iniciação com as seguintes palavras: "Entrando na cúpula mística, ele é preenchido com horror e assombro. Ele é tomado por solicitude e total perplexidade. Ele é incapaz de se mover e está perturbado por encontrar a entrada para o caminho que o levará ao lugar ao qual deseja ir. Mas agora, em meio à perplexidade, o profeta (sacerdote) repentinamente abre para ele a área anterior aos portais do templo. Depois de tê-lo purificado, o sacerdote agora revela ao iniciado uma região iluminada e brilhante com um esplendor divino. A escuridão é dissipada e a mente, que antes era repleta de obscuridade inconsolável, agora emerge para o dia, repleta com luz e jovialidade, para fora das profundezas nas quais ela havia estado mergulhada".

A taxa para a iniciação era uma soma mínima de quinze dracmas (1 dracma equivale a 0,003 dólares americanos), além do que existia o honorário costumeiro para ser pago aos diversos oficiais. Presumivelmente, presentes em espécie também eram dados aos oficiais principais, pois uma inscrição do século V a.C. encontrada em Elêusis diz: "Permita que o sacerdote e o carregador de tochas governem nos Mistérios; os helenos devem oferecer frutas de suas colheitas de acordo com o costume ancestral. Para aqueles que assim agem deve haver muitas coisas boas, colheitas boas e abundantes, nenhum deles molestará os atenienses, nem a cidade de Atenas, nem as duas deusas".

O Telestrion ou Vestíbulo de Iniciação, por vezes chamado "O Templo Místico", era cercado por todos os lados por degraus, que supostamente serviam como assentos para os iniciados enquanto as dramatizações sagradas e a procissão aconteciam na parte térrea do vestíbulo. Esses degraus eram em parte construídos na rocha e em parte constituídos de rocha sólida. Posteriormente, eles foram cobertos com mármore. Existiam duas portas de cada lado do vestíbulo, com exceção do vestíbulo a noroeste, onde a entrada era esculpida na rocha sólida, e um terraço de pedra em um nível superior era adjacente à entrada. Este provavelmente era o lugar para aqueles que ainda não haviam sido admitidos para a iniciação completa. O teto do vestíbulo era carregado por fileiras de colunas que foram renovadas mais de uma vez. O Vestíbulo em si não acomodava mais de quatrocentas pessoas. O edifício talvez seja descrito com mais exatidão por Aristófanes, com as seguintes palavras: "O Templo que saudava os iniciados", cuidadosamente o distinguindo do Templo de Deméter. Ele não era a morada de qualquer deus e, assim, não continha nenhuma imagem sagrada. Ele havia sido construído para a celebração do ritual definitivo, e o Vestíbulo de Iniciação Eleusino era a única "igreja" da Antiguidade conhecida, se por este termo nós fizermos referência ao lugar de encontro da congregação.

O Sr. James Christie, em sua obra *Jarros Gregos*, afirma que as cenas fantasmagóricas durante os Mistérios eram mostradas por transparências, como as que ainda são utilizadas pelos chineses, pelos javaneses e pelos hindus.

Capítulo 5

O Significado Místico dos Rituais

A vida, conforme a conhecemos, era considerada pe- los filósofos antigos como uma forma de morte. Platão considerou o corpo como a sepultura da alma, e na obra *Cratylus*, concorda com a doutrina de Orfeu que afirma que a alma é punida por meio de sua união com o corpo. Empédocles, lamentando sua união com este mundo corpóreo, exclamou pateticamente:

Por isto eu choro, por este desejo, meu infortúnio,
pois nunca minha alma conhecerá tais domínios originais.

Ele também denomina esta morada material, ou os reinos da criação, como "uma região triste, onde o assassinato, a ira e incontáveis enfermidades residem". Filolaus, o celebrado pitagórico, escreveu: "Os teólogos antigos e sacerdotes testemunham que a alma é unificada com o corpo com o intuito do castigo sofredor, e que ela está enterrada no corpo como em uma sepultura"; enquanto que Pitágoras disse: "Tudo o que vemos enquanto estamos acordados é a morte, e quando estamos dormindo, um sonho".

Esta é a verdade que se pretende expressar nos Mistérios. Em seu tratado chamado *Peri Theon key Kosmou*, "Considerando os deuses e o estado existente das coisas", Salústio, o filósofo neoplatônico, explica a violação de Perséfone como um símbolo da descida da alma. Outros autores têm explicado o elemento real dos Mistérios como as relações do universo com a alma, mais especificamente depois da morte, ou como as visões esplêndidas da felicidade da alma neste mundo e no próximo, quando purificada da contaminação de uma natureza material. A intenção de todas as cerimônias místicas, de acordo com Salústio, era unir o mundo e os deuses. Plotino diz que ser mergulhado na matéria significa descer e então cair em sono. Os iniciados deveriam suportar os demônios e espectros que, posteriormente, ilustrariam as dificuldades que importunavam a alma em sua tentativa de aproximação dos deuses. Os iniciados também tinham de repelir ou satisfazer os crocodilos místicos, as víboras, os conselheiros vingadores, os demônios dos portões e outros seres terríveis que poderiam ser encontrados na passagem através do vale das sombras da morte. Píndaro, falando dos Mistérios de Elêusis, diz: "Abençoado é aquele que, observando aquelas preocupações comuns sobre a Terra, conhece tanto o fim da vida quanto o fim de Júpiter".

Conta-se que Psique caiu em sono no Hades devido à sua imprudente tentativa de alcançar a beleza corpórea.

A verdade que supostamente deveria ser ensinada sobre os Mistérios de Elêusis era que um homem prudente que se dedicasse de forma séria às questões divinas estaria em um estado vigilante; contrariamente, aquele homem imprudente que buscava objetos de uma natureza inferior estaria dormindo, envolvido somente em ilusões e sonhos. Se eles morressem neste sono antes que fossem acordados, seriam afligidos com visões similares, embora ainda mais impetuosas, em um estado futuro.

Os egípcios consideravam a matéria como uma certa lama ou lodo. Eles denominavam a matéria como os sedimentos ou a parte mais indesejável da primeira vida. Antes da primeira purificação, os candidatos à iniciação nos Mistérios de Elêusis eram cobertos com argila ou lama, que era o objeto da purificação a ser eliminado. Isso também indicava que enquanto a alma permanecesse em um estado de servidão ao corpo, ela viveria confinada, por assim dizer, nos limites através dos domínios da vida titânica. Assim, os gregos atribuíam grande importância às vantagens resultantes da iniciação. Não somente os iniciados eram posicionados sob a proteção do Estado, mas também o próprio ato da iniciação auxiliava na difusão da boa vontade entre os homens, protegia a alma do pecado e do crime, situava os iniciados sob a proteção especial dos deuses e fornecia meios para que eles alcançassem a virtude perfeita, o poder de viver uma vida imaculada e lhes garantia uma morte pacífica e uma felicidade infindável na vida futura.

Os sacerdotes garantiam que todos aqueles que participassem nos Mistérios teriam um lugar elevado em Elísio, um entendimento mais claro e uma comunicação mais íntima com os deuses, enquanto que os não iniciados continuariam para sempre na escuridão. Na verdade, no terceiro grau, os iniciados eram admitidos na presença das deusas Deméter e Perséfone, de cujos imediatos cuidados e proteção eles desfrutavam. Frequentemente, a iniciação era considerada como uma garantia de salvação concedida por sinais eternos e visíveis e por fórmulas sagradas.

Os Mistérios Menores deveriam significar a condição da alma enquanto ela fosse subserviente ao corpo, e a libertação da servidão, por meio de boas ações purgativas, era o que a sabedoria dos antigos desejava significar com a descida ao Hades e o rápido retorno daquelas moradas sombrias. Pensava-se que eles continham ritos e aparições mais perfeitas e a tradição das doutrinas sagradas necessária para a realização das visões mais esplêndidas. A parte perfeita, diz Procles, precede a iniciação, assim como a iniciação precede a análise.

Prócles também disse em *Plat. Polit.*: "Hércules, tendo sido purificado pelas iniciações sagradas e deleitando-se com os frutos imaculados, obteve finalmente um perfeito posicionamento entre os deuses". Em outras palavras, livre dos limites da matéria, elevou-se além do alcance de suas mãos.

Plutarco escreveu: "Morrer é ser iniciado nos Grandes Mistérios... Toda a nossa vida é nada mais do que uma sucessão de erros, de peregrinações dolorosas e de longas jornadas por tortuosos caminhos sem saída. No momento de deixar esta vida, os medos, os terrores, os tremores, suores mortais e o estupor letárgico surgem e nos sobrepujam. Mas, assim que abandonamos esta existência, passamos para os campos prazerosos, onde o mais puro ar é respirado, onde os concertos sagrados e discursos são ouvidos, onde somos impressionados com as visões celestiais. É lá onde o homem, tendo se tornado perfeito através de sua iniciação, restituído à sua liberdade, torna-se verdadeiramente mestre de si próprio, celebra, coroado por murta, os mistérios mais imponentes, comunica-se somente com as almas puras e justas e vê com desprezo a multidão impura de profanos e não iniciados, mergulhando no lodo e na profunda escuridão".

A instrução dogmática não era incluída nos Mistérios; a doutrina da imortalidade das almas tem suas origens nas fontes anteriores ao surgimento dos Mistérios. Em Elêusis, foi mostrado o caminho para assegurar o melhor dos destinos possíveis para a alma depois da morte. O milagre da regeneração, em lugar da eternidade do ser, foi ensinado.

Platão apresenta Sócrates dizendo: "Em minha opinião, aqueles que estabeleceram os Mistérios, quem quer que eles tenham sido, eram muito instruídos na natureza humana. Pois esses ritos antigos significavam para os aspirantes que aqueles que haviam morrido sem serem iniciados foram lançados no lodo e na impureza, mas aqueles que haviam sido purificados e iniciados deveriam ter sua habitação com os deuses na hora de sua morte".

No sétimo livro da *República*, Platão diz: "Aquele que não é capaz de definir a ideia de bem pelo exercício de sua razão, separando-a de todos os objetos e abrindo caminho como em uma batalha através de todos os tipos de argumentos; esforçando-se para refutar, não de acordo com a opinião, mas de acordo com a evidência, e procedendo com todos esses exercícios dialéticos com uma razão inabalável – tu não dirias que aquele que não consegue alcançar isto não conhece o bem, nem qualquer coisa que é propriamente demonstrada como boa? E tu não declararias que tal indivíduo que apreendeu estas verdades por meio das opiniões da ciência, que na vida presente está mergulhado no sono e que se comunica com as ilusões e sonhos, que antes que ele seja acordado para um estado vigilante descerá até Hades e será sobrepujado por um sono perfeitamente profundo?"

Olimpiodoro, em seu comentário sobre *Geórgias* de Platão, diz dos Campos Elíseos: "É necessário saber que as ilhas da fortuna são elevadas sobre o mar... Conta-se que Hércules concluiu seu último trabalho nas regiões de Hespéria, significando que, tendo enfrentado uma vida terrestre e obscura, posteriormente ele viveu na claridade, ou seja, na luz verdadeira e resplandecente. Então, aquele que está no presente estado conquista tanto quanto possível uma vida corpórea, através dos exercícios de virtudes catárticas, passa na realidade para as ilhas da fortuna da alma, e vive cercado com o esplendor brilhante da verdade e da sabedoria que advém do sol do bem".

Os ensinamentos esotéricos não eram entendidos pelos iniciados; a maioria meramente reconhecia ou compreendia a doutrina exotérica de um estado futuro de recompensas e punições. Virgílio, em sua descrição dos Mistérios em sua obra *Eneida*, se confina nos ensinamentos exotéricos. Eneias, atravessando o lago Estige, encontra o monstro de três cabeças Cérbero, que representa a parte discriminada da alma, da qual o cão é um emblema, devido à sua sagacidade. As três cabeças significam os poderes do intelecto, da doutrina e do conhecimento.

"Ele arrastou o cão de três cabeças até o dia superior" – ou seja, por meio da temperança, da continência e de outras virtudes, ele elevou os diversos poderes da alma. Os ensinamentos dos Mistérios não estavam em oposição ao credo comum: eles o aprofundaram, reviveram-no em uma forma espiritual e deram à religião uma força e um poder que ela não possuía até então.

A fábula de Perséfone, como pertencente aos Mistérios, era provavelmente de natureza mesclada, composta de todas as quatro espécies da fábula: a teológica, a física, a animista e a material. De acordo com os mistérios da teologia antiga, a ordem a que pertence Perséfone é bipartida, sendo uma parte mundana e outra supramundana.

Prócles diz: "De acordo com o rumor dos teólogos que nos entregaram os mais sagrados Mistérios de Elêusis, Perséfone habita nas altitudes, nas moradas de sua mãe, que as preparou em lugares inacessíveis, isentos do mundo sensível. Mas, da mesma forma, ela mora com Plutão, administrando questões terrestres, governando os recessos da terra e atribuindo almas para seres que estão inanimados e mortos".

O poeta de Orfeu descreve Perséfone como "a vida e a morte dos mortais", a mãe de Baco devido a um inefável intercurso com Júpiter. Pórfiro afirma que o pombo era sagrado para ela e que Perséfone seria a mesma entidade que Maia, ou a grande mãe, que geralmente é considerada a progenitora do deus Mercúrio.

De acordo com Nösselt, o texto seguinte pode ser entendido como o significado do mito de Deméter e sua filha perdida: "Perséfone, a filha da terra que tudo produz (Deméter), é a semente. A terra alegra-se com a visão das plantas e flores, mas elas murcham e secam, e a semente desaparece rapidamente da face da terra quando é espalhada no solo. O temido monarca do submundo tomou posse dela. Em vão a mãe procura por sua filha, toda a natureza se entristece por sua perda e tudo sofre com ela. Mas secreta e invisivelmente, a semente desenvolve-se no regaço da terra, e, finalmente, ela desabrocha: o que estava morto agora vive; a terra, toda enfeitada com verde frescor, alegra-se com a recuperação de sua filha há muito perdida, e tudo compartilha desta alegria".

Deméter era adorada em um sentido duplo pelos gregos, como a fundadora da agricultura e como a deusa da lei e da ordem. Eles costumavam celebrar o Festival das Leis em sua honra. De acordo com alguns escritores antigos, os gregos, antes do tempo de Deméter e Triptólemo, alimentavam-se da semente do carvalho, ou do carvalho sempre-verde. As sementes, de acordo com Virgílio, eram o alimento em Epiro e na Espanha, de acordo com Estrabo. Os habitantes da Cítia faziam pão com essas sementes. Segundo outra tradição, antes da época de Deméter, os homens não cultivavam o milho nem aravam a terra, mas perambulavam pelas montanhas e florestas em busca das frutas silvestres que a terra produzia. Isócrates escreveu: "Ceres trouxe aos atenienses dois presentes de grande importância: o milho, que nos tirou de um estado de brutalidade, e os Mistérios, que ensinaram os iniciados a considerar as expectativas mais agradáveis em relação à morte e à eternidade". As moedas de Elêusis representavam Deméter em uma carruagem puxada por dragões ou serpentes que, por vezes, eram alados. A deusa possuía duas espigas de milho em sua mão direita ou, conforme alguns imaginavam, tochas, indicando que ela estava procurando por sua filha. Em sua obra chamada *Jornada na Grécia*, publicada em 1682, George Wheler diz: "Nós observamos muitas pedras grandes cobertas com trigo e maços de papoula misturados; estas são as características de Ceres". Em Copenhagen há uma estátua representando Deméter segurando papoulas e espigas de milho em sua mão esquerda. Em uma moeda de Lampsaco do século IV a.C., Perséfone é descrita no ato de surgir da terra.

 De acordo com Taylor, o platonista, a lenda de Deméter representa a evolução da parte de auto-avaliação de nossa natureza a que propriamente denominamos intelecto, e Perséfone é aquela parte vital e animada a que chamamos alma. Plutão significa o papel da natureza material e, segundo Pitágoras, o império deste deus se inicia nas profundezas da Galáxia e vai até a Via-Láctea.

 Salústio diz que, entre as divindades humanas, Ceres é a divindade do planeta Saturno. A caverna significa a entrada na vida mundana alcançada por meio da união da alma com o corpo terrestre. Deméter, que temia que Perséfone sofresse algum tipo de violência devido à sua beleza inimitável, conduziu-a para a Sicília e a escondeu em uma casa construída por Ciclopes, enquanto ela foi para o templo de Cibele, a mãe dos deuses. Lá vemos a primeira causa da descida da alma, a saber, sua deserção de uma vida guiada completamente pelo intelecto, secretamente simbolizada pela separação de Deméter e Perséfone. Posteriormente, Júpiter instruiu Vênus para tirar Perséfone do seu esconderijo, a fim de que Plutão pudesse raptá-la e, para evitar qualquer suspeita na mente da virgem, ele ordenou que Diana e Pallas fizessem companhia a ela.

Quando chegaram, as três deusas encontraram Perséfone trabalhando em um xale para sua mãe, no qual ela havia bordado o caos primitivo e a formação do mundo. Vênus, diz Taylor, é significativo do desejo que, até mesmo nas regiões celestiais (pois tal é a residência de Perséfone até que ela é raptada por Plutão), começa silenciosamente e de maneira enganosa nos recessos da alma. Minerva é símbolo do poder racional da alma, e Diana representa a natureza, ou simplesmente a parte natural e vegetal de nossa composição, ambas entrelaçadas por meio da sedução do desejo.

Em Ovídio, temos Narciso, a metamorfose de um jovem que se tornou uma vítima do amor pela sua própria forma corpórea. O rapto de Perséfone, segundo o Hino Homérico a Deméter, foi a consequência imediata por ela estar recolhendo flores. Com Narciso se apaixonando pelo seu próprio reflexo no lago límpido, nós contemplamos a representação de uma alma bela que, devido ao seu longo olhar sobre a forma material, torna-se enamorada de uma vida corpórea e se transforma em um ser que consistia somente das energias da natureza. Plutão, forçando sua passagem através da terra, apodera-se de Perséfone e a leva consigo, apesar da resistência de Minerva e Diana. Júpiter proibiu as deusas de tentarem resgatá-la após seu rapto. Isto significa que o mergulho da alma em uma natureza material é contrário ao desejo genuíno e à condição adequada. Depois que Plutão levou Perséfone para as regiões infernais, o casamento sucede. Ou seja, tendo a alma mergulhado nas profundezas de uma natureza material, ela se une à habitação sombria do corpo físico. A noite é apresentada com grande beleza e propriedade, esperando ao lado do leito nupcial e confirmando a aliança esquecida. Em outras palavras, a alma, na união com o corpo material, torna-se familiar à escuridão e se sujeita ao império da noite, em consequência do que ela habita completamente com fantasmas ilusórios e, até que ela quebre suas algemas, estará privada da percepção do que é real e verdadeiro.

Os nove dias do Festival significam o declínio da alma. A alma, caindo de sua morada divina e original no céu, passa através de oito esferas, a saber, a esfera constante e os sete planetas, assumindo um corpo diferente e empregando diferentes energias em cada uma, tornando-se finalmente conectada com o mundo sublunar e um corpo terreno na nona esfera. Acredita-se que Deméter e a fundação da arte da lavoura significam a descida do intelecto aos reinos da criação, o maior benefício e ornamento que a natureza material é capaz de receber. Sem a possibilidade de participação do intelecto na esfera inferior da matéria, nada além de uma vida irracional e brutal subsistiria.

Mas, segundo alguns escritores, os iniciados no terceiro grau eram ensinados que os deuses e as deusas eram somente mortais, expostos enquanto vivos às mesmas paixões e fraquezas comuns a todos os homens. Eles eram ensinados a considerar a Causa Suprema, o Criador do Universo, impregnando todas as coisas com Sua virtude e governando todas as coisas com Seu poder. Assim, o significado de *Mystes* é dado como "aquele que vê as coisas disfarçadas" e *Epopt* como "aquele que vê as coisas conforme elas são, sem disfarce". Os iniciados, depois de passar pelo cerimonial de exaltação, recebiam a Autopsia, ou visão completa. Virgílio declarou que o segredo dos Mistérios era a Unidade de Deus, e Platão dizia que "seria difícil de encontrar o Criador do Universo e, quando encontrado, seria impossível desvendá-lo para todo o mundo". Varrão, em seu trabalho *Sobre as Religiões*, diz que "era inconveniente para o Estado que muitas verdades fossem conhecidas por todos. Convinha que o povo acreditasse em certas verdades, embora elas fossem falsas. Assim, os gregos confinaram seus Mistérios no silêncio de seus vestíbulos sagrados".

Os Mistérios declaravam que a vida futura não consistia na existência sombria e enfadonha que se supõe ser, mas que através dos ritos de purificação e sacrifícios de um elemento sacramental, os homens poderiam garantir uma esperança melhor para o futuro. Assim, os Mistérios de Elêusis tornaram-se um agente principal na conversão do mundo grego da visão homérica do Hades para uma crença mais esperançosa com relação ao estado do homem depois da morte. Túlio promulgou uma lei proibindo os sacrifícios noturnos dos quais as mulheres participavam, mas fez uma exceção em favor dos Mistérios de Elêusis, apresentando como razão: "Os atenienses têm produzido muitas invenções excelentes, até mesmo divinas, e se dedicam ao uso da vida. Porém, ela nos concedeu nada melhor do que os Mistérios através dos quais fomos tirados de uma vida irracional e selvagem e fomos domados, por assim dizer, fomos trazidos para a humanidade. Eles são verdadeiramente chamados de *Initia*, pois são o início de uma vida de razão e virtude".

O sigilo era imposto porque era considerado essencial que o profano não compartilhasse do conhecimento da verdadeira natureza de Deméter e Perséfone, pois, se fosse descoberto que as deusas eram somente mulheres mortais, sua adoração tornar-se-ia insignificante. Cícero diz que a humanidade de Deméter e Perséfone, seus lugares de internamento e diversos fatos de natureza similar constituíam os elementos que deveriam ser ocultados com todo o cuidado. Diágoras de Medonte foi considerado um ateu, pois revelou o segredo verdadeiro dos Mistérios de Elêusis. A acusação de ateísmo era o destino de qualquer um que comunicasse o conhecimento do único Deus. Píndaro diz, referindo-se aos Mistérios: "Feliz é aquele que viu estas coisas antes de deixar este mundo: ele percebe o começo e o final da vida, conforme ordenado por Zeus". Sófocles escreveu: "Oh, três vezes sejam abençoados os mortais, aqueles que contemplaram os Mistérios e desceram até o Hades; pois somente eles terão uma vida futura de felicidade. Os outros nada encontrarão além do sofrimento".

Fontes de Consulta

Andocides. *De Mysteriis.*
Antiquities of Ionia.
Apolodoro.
Aristides.
Aristófanes.
Aristóteles. *Nico. Ética.*
Arnóbio. *Disputationes adversus Gentes.*
Arquivo de Inscrições. Ática.
Arquivo de Inscrições. Grécia.
Barthelemy. *Voyage du Jeune Anacharsis en Grèce.*
Chandler. *Viagens pela Grécia.*
Cheetham, S. *Mistérios Pagãos e Cristãos.*
Cícero.
Clemente de Alexandria.
Congresso Internacional de Tradição Popular, 1891.
    Papéis e Transações.
Cornuto. *Teologiæ Græcæ Compendium.*
Crítica Contemporânea, 1880.

d'Aliviella. *Eleusina.*
Decharme. *Mythologie de la Grèce antique.*
Diodoro Siculo.
Dion Cássio.
Dodwell. *Viagem.*
Duncan. *Religiões da Antiguidade Profana.*
Dyer. *Os Deuses na Grécia.*
Enciclopædia Britannica.
Estrabão.
Eunápio. *Vita Maxim.*
Eusébio. *Preparatio Evangelii.*
Farnell. *Cultos dos Estados Gregos.*
Filostrato. *Apolônio de Tiana.*
Firmicus Maternus. *De errore profanarum religionum.*
Flegon de Trales. *Frag. hist. gr.*
Foucart. *Les mystères d'Eleusis.*
Frazer. *O Ramo de Ouro.*
Gardner. *Novos Capítulos da História Grega.*
Gardner e Jevons. *Manual de Antiguidades Gregas.*
Gibbon.
Gregório de Naziano.
Grote. *História da Grécia.*
Guerber, H. A. *Mitos da Grécia e de Roma.*
Harrison, J. E. *Prolegomena.*
Hatch, Edwin. *Palestras de Hibbert.*
Herodiano.
Heródoto.
Hipólito.
Horácio.
Isócrates.
Lactâncio.

Lang, Andrew. *Mito, Ritual e Religião.*
Idem. *Translation of Homeric Hymns.*
Lenormant, F. *Eleusis.*
Libânio.
Lísias. *Contra Andocidem.*
Livy
Lobeck. *Aglaófamo.*
Luciano. *Diálogos dos Mortos.*
Mahaffy, J. P. *Excursões e Estudos na Grécia.*
Mannhardt, W. *Mythologische Forschungen.*
Maury, A. *Les Religions de la Grèce.*
Meúrsio.
Mommsen. *Feste der Stadt Athen in Altertum.*
Idem. *Heortologie.*
Nösselt e Hall. *Mitologia Grega e Romana.*
Olimpiodoro.
Pater, Walter. *Estudos Gregos.*
Paton, W. R. *Os Nomes Sagrados dos Sacerdotes Eleusinos.*
Pausânias. *Descrição da Grécia.*
Philius, Demétrio. *Eleusis, ses Mystères, ses Ruines, et son Musèe.*
Píndaro.
Platão
Pletos.
Plotino.
Plutarco.
Pólux.
Porfírio.
Preller. *Demeter und Persephone.*
Preller-Robert. *Griechische Mythologie.*

Pringsheim. *Arch. Beitrage.*
Prócles.
Reinach. *Cultes, Mythes et Religions.*
Revista *Blackwoods*, 1853.
Revue de L'histoire des Religions.
Revue de Philologie, 1893.
Revue des Êtudes Grecques, 1906.
Rodhe, E. *Psyche.*
Saglio-Pottier. *Dictionnaire des Antiquités.*
Salústio.
Schömann. *Griechische Antherthümer.*
Sófocles.
Suetônio.
Suidas.
Taylor, T. *Os Ritos Eleusinos e Báquicos.*
    Idem. *Os Hinos Místicos de Orfeu.*
Temístio.
Teodoreto.
Tertuliano.
Varrão. *Da Religião.*
Virgílio.
Voltaire.
Waechter. *Reinheitsvorschriften.*
Welcker, F. G. *Griechische Götterlehre.*
Wheler. Jornada pela Grécia.
Xenofonte.